人生的智慧

Aphorismen zur Lebensweisheit

Arthur Schopenhauer

[德] **叔本华** 著
钟皓楠 译

中国友谊出版公司

图书在版编目（CIP）数据

人生的智慧 /（德）叔本华著；钟皓楠译 . — 北京：中国友谊出版公司，2025. 5. — ISBN 978-7-5057-6095-0

Ⅰ. B516.41

中国国家版本馆 CIP 数据核字第 2025PN3198 号

书名	人生的智慧
著者	［德］叔本华
译者	钟皓楠
出版	中国友谊出版公司
发行	中国友谊出版公司
经销	新华书店
印刷	天宇万达印刷有限公司
规格	880 毫米×1230 毫米　32 开
	8.5 印张　164 千字
版次	2025 年 5 月第 1 版
印次	2025 年 5 月第 1 次印刷
书号	ISBN 978-7-5057-6095-0
定价	45.00 元
地址	北京市朝阳区西坝河南里 17 号楼
邮编	100028
电话	（010）64678009

幸福不是一件容易的事：我们很难在自己身上找到它，却也不可能在其他地方寻得。

——[法] 尚福尔[1]

---

[1]　尚福尔（1740—1794）：法国剧作家，以风趣著称。——译者注，后文若无特殊说明，皆为译者注。

导论
Introduction

　　在这本书里，使用"人生的智慧"这个概念完全是按照固有的意义，也就是说，这是一门尽可能过上舒适和幸福生活的艺术，其纲领可以被称为"幸福学"，它教导我们如何才能享有幸福。从纯粹客观的角度来看，或者更确切地说（因为这里涉及主观评判），在经过冷静成熟的思考之后，这种存在可以被定义为绝对胜过非存在的事物。遵循这种概念，意味着我们出于存在本身而坚守存在，而不仅仅是出于对死亡的恐惧，而且我们因此而渴望永恒的持存。尽管人类生活是否符合这样一种存在，或者能否符合这样一种存在还是一个问题，而人们都知道我的哲学已经给出了否定的答案，但是"幸福学"以给出肯定答案为前提。这其实是基于一个根本性的错误，我在我的主要著作^①的第 2 卷第 49 章中已经表达过对这个错误的斥责了。但是为了进行"幸福学"的阐述，我不得不因此而彻底放弃我实际上的哲学所导向的更高的形而上学与伦理立场。所以，在某种程度上，这里的全部讨论都建立在一种妥协之上，也就是停留在通常的、经验主义的立场上，紧紧依凭着这个错误。因此，这些讨论的

---

① 此处指《作为意志和表象的世界》。

价值只可能是有限的，因为 Eudamonologie① 这个词本身就只不过是一种委婉的说法，远远达不到全面的要求，部分是因为这个主题是无法穷尽的，部分是因为如果不是这样，我就要重复别人已经说过的话。

与这本警句集目类似的书籍，我只能想起卡尔达诺② 非常值得一读的《论逆境》。你可以通过阅读《论逆境》来完善本书的内容。亚里士多德③ 也曾经在他的第一本著作《修辞学》的第 5 章中发表过一段简短的有关"幸福学"的内容，而且这段话非常值得深思。但是我没有借鉴这些前人的论述，因为我的工作不是

① 即幸福论。
② 卡尔达诺（1501—1576）：意大利百科全书式学者。
③ 亚里士多德（前384—前322）：古希腊哲学家、科学家。

汇编，而且在汇编的过程中会丧失观点的统一性，而这种统一性正是这一类作品的灵魂。当然，各个时代的智者普遍都在说着同样的话，而各个时代占绝大多数的愚人也在做着同样的事情，也就是相反的事情。这样的情况还会持续下去。因此伏尔泰[①]说道："当我们离开这个世界的时候，这个世界就像我们降生的时候一样愚蠢和邪恶。"

---

① 伏尔泰（1694—1778）：法国启蒙思想家、作家、哲学家。

目录
Contents

第一章
基本的划分

亚里士多德（《尼各马可伦理学》第 1 卷，第 8 章）把人类生活中的幸福来源分为三类——外物、灵魂和肉体。现在我只保留这种三分法。我想说的是，终有一死的人类命运的差异建立在三种基本内容之上。它们是：

（1）人本身：即在最广泛意义上属于人的个性的东西。这个概念包括健康、力量、外貌、脾性、道德品质、智力和教养。

（2）人拥有的东西：也就是任何意义上的个人物品和财产。

（3）人的外在形象：众所周知，这是指一个人在别人眼中的形象，也就是别人对他的看法。人们对他的看法可以分为名声、地位和荣誉。

第一类别的差异是自然本身在人类之间设立的，从这一点已经可以推断出来，比起后两类仅仅是出于人为因素的差异，这类差异对人类幸福或者是不幸的影响要更为根本和深刻。人类真正的优势，例如伟大的精神或者宽广的心胸，比起地位、出身（即使是君王）和财富方面的优势，就像真正的国王与剧院里的国王。伊壁鸠鲁[①]的第一位门徒梅特多鲁斯[②]的著作里有这样的一章:"通往幸福的最佳途径在我们的内心,而不在我们的自身之外。"无论如何,对于人类的幸福,对于他整个存在的方式,主要的事务显然就是他的内心所在与内心活动。这直接显示了他内在的舒适或者痛苦,而这首先是他的情感、意愿与思想的产物,而所有外物都只不过是起到了间接的影响。因此,同样的外在事件或者是关联对每个人都会产生截然不同的刺激,在同样的环境之下,每个人都生活在个不同的世界里。因为只有他自己的想象、感受和意志活动才与他直接相关。外物只不过是在涉及这些东西的时候才对他产生影响。每个人生活的世界首先取决于他对世界的理解,因此,这个世界因为个人头脑的差异而呈现出不同。按照每个人的头脑来看,这个世界可能是贫乏、单调和肤浅的,但也有可能是丰富、有趣和内涵深厚的。例如,有些人会嫉妒其他人在生活中遇到的有趣经历,但他们其实应该嫉妒后者所拥有的理解的天赋——这种天赋会赋予那些人所描绘的事情一种意蕴。因为同一件事情,对一个思想丰富的头脑来说如此有趣,而对一个肤浅庸常的头脑来说却只是日常世界中单调的一幕。这些场景最经常出现在歌德和拜伦的许多诗歌作品里,这些

---

① 伊壁鸠鲁(前341—前270):古希腊哲学家,被认为是西方第一位无神论哲学家,认为快乐是生活的目的。

② 梅特多鲁斯(前331—前278):古希腊伊壁鸠鲁学派哲学家之一,伊壁鸠鲁最得意的门生。

诗歌显然建立在真实事件的基础之上。愚蠢的读者会嫉妒诗人那令人艳羡的奇遇，而不是诗人那强大的想象力——这种想象力可以凭借相当庸常的事件制造出伟大和美丽的东西。同样，一个忧郁者所看到的一幕悲剧，在一个乐天派看来只是一场有趣的争吵，在一个迟钝冷漠的人看来只是在眼前发生的一件毫无意义的事情。这一切的基础都在于，每一种现实，也就是每一种充实的当下都由两部分组成：主体和客体——尽管主体和客体之间存在着必要且紧密的关联，就像水分子中的氢与氧。在客体部分完全相同，但主体部分具有差异的时候，当下的现实就会完全不同，反之亦然。最美和最好的客体遇上最迟钝和最恶劣的主体，也只能产生恶劣的现实和当下，就像美丽的风景遭遇了恶劣的天气，或者是用低劣的模糊镜头进行拍摄。或者是说得更直白：每个人都像囿于自己的皮囊那样囿于自己的意识，仅仅直接生活在自己的意识里，因此外在的世界对他没有太大的帮助。在舞台上，有人扮演帝王，有人扮演顾问，有人扮演用人、士兵或者是将军。但是这些区别都只存在于表面，在内部，这些表象的核心是一样的。一个可怜的喜剧演员，承受着自己的折磨与困厄。在生活中也是这样。地位和财富的差异给每个人分配了需要扮演的角色，但这与内心幸福舒适的差异完全没有关系。每个人可怜的头脑里都装着自己的困厄和折磨，内容物完全不同，但形式，也就是实际上的本质却相当趋同。就算折磨与困厄的等级存在着差异，那么这也和地位与财富完全无关，也就是说，与他所扮演的角色完全无关。因为对人类来说，存在的和发生的一切都只是在他的意识之中独自存在和发生。因此，很显然，意识的创造本身就是首要的本质性内容，所以在大多数情况下，意识的创造比呈现在意识中的形象更为重要。所有的繁华与享乐，在一个愚人沉闷的意识里都会黯然失色，而塞万提斯却在一个令人不适的监狱里写下了《堂吉诃德》。相比之下，这个愚人的意识就显得非常贫乏。当下与现实的客体部分掌握在命运的手里，因此是可以改变的。主体意识却是我们自己，因此在本质上是不可改变的。所以，每个人的生命尽管会经历所有这些外在的变化，性格却始终如一，就像经过一系列的变奏依然还在演奏着同一个主题。没有人能够脱离自身的个性。就像无论人们将动物置于何种关联，它们都始终受限于自然为它们的本质所设定的不可违背的狭窄圈子。这也就是为什么当我们努力使我们喜爱的动物得到快乐的时候，首先要顾及它们的本质和意识的局限，始终将我们的努力控制在一个狭窄的范围内。人类的情况也是如此。他的个性已经预先决定了他有可能得到的幸福。他精神力量的局限尤其一劳永逸地决定了他从事高级享乐的能力。如果他的精神力量非常狭隘，那么所有外在的努力，所有他人和运气能够为他做的一切都不能引领他超越那种庸常的、动物性的人类幸福与舒适的范围。他只能够停留在感官享乐、熟悉和快活的家庭生活、低级的社交和庸俗的消遣层面，即使教育能够起到作用，它在拓展圈层方面总体而言也起不到很大的作用。因为最高级、最丰富和最持久的享乐就是精神层面的享乐，尽管我们在青年时代无法充分地认识到这一点；但是能否感受这些乐趣主要取决于精神的力量。也就是说，这一点清清楚楚地证明了，我们的幸福高度取决于我们是什么样的人，取决于我们的个性，而我们在大多数情况下却仅仅考虑我们的命运，考虑我们所拥有的东西和我们所展示的形象。但是我们可以逆天改命，如果我们内心丰富，我们对命运就不会索求太多，与之相反，愚人始终都是愚人，迟钝的笨蛋始终都是迟钝的笨蛋，即便他置身于伊甸园，被天女所环绕。因此歌德说道：

> 人民，奴仆和胜利者，
>
> 他们承认，在任何时候，
>
> 凡夫俗子至高的幸运，
>
> 都只不过是个性。

——《西东诗集》

对我们的幸福和我们的享乐来说，主体远远比客体更具有本质性，所有事情都可以验证这一点。比如说，饥饿是最好的厨师，老年人对年轻时代的女神无动于衷，还有天才和圣人们的生活。尤其是健康，它压倒了所有外在的优势。诚然，一个健康的乞丐比一位患病的国王还要幸福。一种来自完美、健康、幸福机体的出众、平静和欢畅的脾性，一种清晰、活跃、深入和能够准确把握事物的理解力，一种适度、温和的意志力以及由此产生的安稳良心，这些都是任何地位和财富所不能够取代的优势。因为对一个人自身来说，在孤寂中陪伴他的、没有任何人能够赐予他或者从他身上夺走的东西，显然对他来说要比所有他所拥有的事物都更为重要，也比他在他人眼里的样子更为重要。一个精神丰富的人在全然的孤寂之中能够在自己的思想和梦幻里得到完美的娱乐，而交替反复的社交、看戏、出游和寻欢作乐都无法阻止一个迟钝的人陷入折磨人的无聊。一个善良、节制、温柔的人能够在寒酸的条件之下感到满足，而一个贪婪、嫉妒或者邪恶的人即便得到所有的财富也不会满意。如果一个人能够持续享有自己那非同寻常、卓越的个性，那么大多数人们普遍追求的享乐就变成了完全多余的事情，是的，只不过是干扰和累赘。因此贺拉斯①这样谈论自己：

宝石，大理石，象牙，小雕像，画作，

银器，紫色染料的长袍，

有些人并不拥有，有些人却并不想要。

---

① 贺拉斯（前65—前8）：古罗马杰出的诗人。

苏格拉底看到摆在那里售卖的奢侈品时也曾说过："我不需要的东西可真多啊。"因此，对我们生活的幸福而言，我们是什么人，也就是个性才是首要的和最本质的条件，因为它在所有的环境下都持续地发挥着作用。此外，它也不同于另外两项类别，不听天由命，也无法被从我们身上夺走。它的价值可以说是绝对的，而另外两项则相反，仅仅是相对的。由此可以得出结论，人类受外界的影响比人们普遍认为的要少得多。只有至高无上的时间才能够在这里行使它的权利。它渐渐地磨灭肉体和精神层面的优势，只有道德品质不受它的影响。从这个角度来看，另外两项分类的优势当然就比第一项分类更突出了，因为时间不会直接劫掠它们。我们还可以发现另外一个优势，也就是作为客体，它们的本质决定了每个人至少都有机会得到它们，占有它们。与之相反，主体事物却不在我们的权力范围之内，而是作为"神的判决"出现，在整整一生中都恒常不变，因此出现了这样无情的表述：

就在世界被赐予你的那一天，

太阳了接受行星的问候，

你就立刻持续不断地生长，

遵循着使你降生的那种法则。

你不得不如此，你逃不出你自己，

女巫已经这样说过，先知也这样说过，

> 时间和权势都无法击碎
>
> 已经成形的形式，它正在鲜活地发展。
>
> ——歌德

从这种角度看，以我们的力量，唯一可以做的事情就是尽量利用我们已经既定的人格的优势，仅仅根据它做出相应的追求，努力进行恰好符合它的培训，避免任何其他情况，最终选定与我们个性相吻合的地位、职业和生活方式。

一个天生具有非凡体力的大力士如果出于外在情况的需要，从事一种需要久坐的职业，从事细小烦琐的手工业，或者是从事研究或者其他的脑力工作，这些工作要求他发挥那些先天不足的能力，而他出色的能力却恰恰得不到利用，那么他终其一生都会感到不幸。如果一个人拥有超凡的智力，却没有办法开发和利用自己的智力，不得不从事某种并不需要智力的平庸工作，或者是他力所不能及的纯粹的体力工作，那么情况还要更糟。因此，我们要避免生活中的暗礁，尤其是在青年时期，不要过高地估计自己，认为我们拥有我们其实并不拥有的能力。

我们的第一项条件比起另外两项条件具有压倒性的重要性，因此更为明智的做法是保持自身健康，并且对自己的能力进行培训，而不是不遗余力地追求财富，但是也不要产生误解，认为我们不应该努力获得必需品和应得的报酬。只是真正的财富，也就是巨大的丰裕，对我们的幸福而言意义不大，因此许多富人都会感到不幸，因为他们没有受过真正的精神教育，没有知识，所以缺乏对客观事物的任何兴趣，而正是这种兴趣使人们有能力从事精神活动。财富除了满足真正的、自然的需求之外，对我们真正的幸福所产生的影响非常微弱，更确切地说，保持一笔巨大的资产会带来许多难以避免的困扰。但是人们追求财富的热情还是比追求精神教育的热情要强烈千百倍，尽管论起对幸福的贡献，我们是什么比我们拥有什么远远更为重要。因此我们看到有些人一刻不停地奔忙，像蚂蚁一样勤奋，从早忙到晚，增加着他们已经拥有的财富。他们在这个狭窄的谋生领域之外一无所知，他们的精神空空如也，因此对一切其他事情都没有感知。他们无法接触到至高的精神享乐，只能偶尔允许自己进行一些短暂的感官享乐，时间很短，但花销很多，徒劳地通过这种享乐寻求对精神享乐的替代。在生命的终结时分，如果幸运的话，作为成果，他们真的能够挣到一大笔钱，这笔钱还可以继续增多，但是也可以尽情挥霍，可是现在他们就只能把这笔钱留给自己的继承人。这种人尽管终其一生都摆出一副严肃认真、煞有介事的面孔，却也一样是愚蠢的，就和其他因为偷懒而被罚戴高帽子的学生一样愚蠢。

也就是说，对一个人终生的幸福而言，他内心所拥有的东西就是最为本质的因素。仅仅因为通常来说，大多数已经通过奋斗摆脱困境的人们在本质上和那些依然深陷困境的人们一样不幸。他们内心的空虚、他们意识的苍白、他们精神的贫瘠驱使着他们进行社交，但仅仅是和同类人进行社交，因为"物以类聚，人以群分"。然后他们就共同追求消遣和娱乐，首先是感官层面的享受，各种各样的享乐，最终寻求一掷千金的享乐。这种无可救药的挥霍的源头体现在许多人身上，比如一个人生刚刚开始的富家子，他大部分继承下来的遗产经常在短得难以置信的时间里就被挥霍掉了，这实际上也没有别的原因，只是因为无聊，而无聊源自于我们刚刚描述过的精神上的贫瘠与空虚。这样一个年轻人来到世界上的时候在外在上非常富有，但是在内心里非常贫穷，于是徒劳地努力用外在的财富弥补内心的空虚，因此想要从外在获得一切，就像一位老人想要通过一位少女的汗液使自己变得强壮一样。一个内心贫瘠的人因此最终在外在上也变得贫困。

　　人类生活中第二类别和第三类别的优势的重要性我不需要特别强调。因为财产的价值在今天已经广为人知，不需要进行任何推销。尽管比起第二类别，第三类别是一种非常脱离物质的存在，因为它仅仅存在于他人的观念之中。但是每个人都争取名声，也就是良好的名誉，只有那些为国家服务的人才追求地位，而只有极少数人才追求荣誉。在它们中间，名誉被视为无价之宝，而荣誉被视为一个人所能够获得的最为珍贵的东西，是天选者的金羊毛，地位则正相反，只有愚人才会把它排在财产前面。此外，第二和第三类别还能够产生所谓的交互影响，如果彼特罗纽斯 [①] 所说的"谁拥有财富，谁就拥有声望"是正确的，那么反过来，他人的良好风评也常常可以通过各种形式帮助人们得到财产。

① 彼特罗纽斯（？—66）：古罗马作家，是小说《萨蒂利孔》的作者。

第二章
人的自身

一个人的自身比起这个人所拥有的财产或者他所给予别人的表象都更能带给他幸福。这一点我们已经大致上认识到了。一个人本身到底是什么，也就是说，他自身所具备的东西，才是最关键的，因为人的个性始终伴随着一个人前往各处，将他所经历的一切都染上自己的色彩。在所有的事物中间，他享受的首先仅仅是他自己。这一点适用于物质层面的享受，而在精神层面更是如此。因此英语中的 to enjoy one's self（享受自我）是一个非常杰出的表述，例如人们可以借助这个短语说 he enjoys himself at Paris，不是"他在享受巴黎"，而是"他在巴黎享受自我"。但是如果一个人的个性非常低劣，那么所有的享受就都像是美酒倒进了染了胆汁的嘴里。由此可以得出结论：无论境遇好坏，除了严重的不幸事故，人们在生活中遇到的和经历的事情并没有他们的感受方式那么重要，也就是说，没有每个人所采取的视角、感受的方式和强度那么重要。一个人是怎样的人，他的内在——品性及其所有附属物——才是唯一直接而即刻地作用于他的幸福的因素。所有其他事物都是间接的，因此它们的作用也可以被消除，但是个性不能。所以，对个性方面的优点产生的嫉妒是最难以化解的，这种嫉妒也得到了最为谨慎的掩饰。此外，只有意识的产生才是持久的、坚定的，而个性时刻都在持续地发挥作用，在每一刻都或多或少地产生着影响，与之相反，其他一切都只是暂时地、偶尔地、倏忽地发挥作用，而且本身还要屈服于交替和变换。亚里士多德曾对此评论道："我们依靠天性，而非财产。"（《优台谟伦理学》第7卷）。正因如此，比起咎由自取的不幸，我们在承受完全外来的不幸的时候怀着更多的镇静，因为命运有可能会改变，但是自己的本性永远不变。因此，主观的优势，比如高贵的性格、聪慧的头脑、开朗的脾性、欢愉的感官、健康无恙的身体，是我们幸福的首要元素和最为重要的元素，也就是"健全的精神寓于健全的体魄"（尤维纳利斯，《讽刺诗》第10卷），所以我们应该非常关注促进和保持这些优势，胜过对财产、外在优势与外在名声的关注。

但在所有这些事物里面，最能够直接使我们感到幸福的就是感官层面的愉悦。因为这一出色的特质可以立刻带来回报。如果谁经常感到愉快，那么所有的原因就是他本身就是一个愉快的人，也就是他就是他本人的样子。没有任何别的特质可以像这种特质一样完美地取代任何其他的优势，而它本身是不可替代的。一个人有可能年轻、美丽、富有而且备受尊敬，但是如果我们想要评判他是否幸福，我们就要自问：他是否愉快？如果他愉快，那么无论他年轻还是年老，无论他身材笔挺还是弯腰驼背，是贫穷还是富有，他都是幸福的。我在很年轻的时候曾经翻开过一本旧书，里面写着："谁经常笑，谁就是幸福的；谁经常哭，谁就是不幸的。"这是一句非常简单的评论，我却一直无法忘记它所表达的质朴的真理，尽管它也是一种常见的老生常谈。因此，当快乐到来的时候，我们应该为它打开大门。因为它永远不会来得不是时候，只是我们经常心怀顾虑，不是先接纳它，而是想要先知道我们到底有没有感到满足。或者我们惧怕这种快乐会扰乱我们严肃的思考和深重的忧虑。只是这些思考和忧虑能不能使我们变得更好是不确定的，与之相反，快乐却是直接的获利。只有它立刻就能带来幸福的变现，而不是像其他所有事物那样，只不过是幸福的债券。只有它能够直接给当下带来幸福，因此就我们的生存而言，它是至高的福气，而我们的生存的现实形式就是两段无尽时光之间一段不可分割的当下。所以我们应该把获取和促进愉快心情置于所有的思虑之前。我们已经确定，财富对快乐的增益是最少的，而健康对快乐的增益是最多的。在那些卑微的劳动阶级中间，尤其是在乡下人中间，经常出现快乐和满足的面孔，在富裕高贵的阶层里却常常出现厌恶的情绪。因此我们应该首先努力保持高度的健康水平，它会催生快乐的花朵。众所周知的方法就是避免所有的过度和纵欲行为、所有激烈或者令人不适的情绪动荡、所有过度或者难以维持的精神紧张，每天至少在户外进行两个小时的快速运动，多洗冷水澡，保持适度的饮食。如果没有每天的运动，人们就无法保持健康，所有的生命进程中都需要运动，不仅要锻炼身体的一部分，还要锻炼整体。亚里士多德说得对："生命在于运动，生命的本质在于运动。"机体的整个内部都充满了永不停歇的快速运动，心脏在复杂的双重收缩和舒张的过程中激烈而不知疲倦地跳动着，每跳 28 下，心脏就把所有的血液沿着全部的大小血管进行一次循环。肺像一台蒸汽机一样一刻不停地抽着气，肠道始终进行着蠕动，所有的腺体都在持续不断地吸收和分泌，即便是大脑也伴随着每一次脉搏和每一次呼吸进行着双重的运动。但是，正如现在，无数的人们都过着完全久坐不动的生活方式，完全缺乏外在的运动，那么外在的平静和内在的骚动就会陷入一种惊人的、有害的不和谐。即便是这种持续的内在运动也需要某种外在的东西作为支撑。那种不和谐的关系就类似于我们的内在酝酿着某种情绪，却不能向外部释放。即便是树木也需要风的摇动才能够生长。在这里有一条法则，可以用拉丁语最为简洁地表达出来："万物都在运动，速度越快，运动就越多。"我们的幸福在多大程度上取决于情绪的欢快和健康状况，可以通过对比同样的外部关系或者事件在我们健康强健的日子里与患病、压抑、恐惧的日子里对我们产生的影响得出结论。并不是客观和真实的事物让我们感到幸福或者不幸，而是它们对我们的意义还有我们对它们的理解产生了影响。爱比克泰德①说过："扰乱人们的不是事物，是对事物的观点。"实际上，我们 90% 的幸福感都仅仅建立在健康之上。健康是所有享乐的源泉。与之相反，没有健康，就没有任何外在的财富能够带来享乐，无论是以何种形式。甚至其他主观的优势，如精神、情绪和脾性的特质，都会因为疾病走向磨损和扭曲。所以人们在见面的时候首先就会彼此询问健康状况并且祝福彼此健康，这也不是没有道理的。因为健康的确在很大程度上是人类幸福的首要事项。由此可以得出结论：最愚蠢的事情就是牺牲自己的健康，无论是为了什么事情，比如为了获利、进步、学习或者是荣誉，更不用说是为了淫欲和稍纵即逝的享乐了。人们更应该把这些事情排在后面。

尽管对我们的幸福而言，健康对快乐做出了如此本质性的贡献，但是我们的快乐并不仅仅取决于健康。因为完美的健康也有可能与忧郁的脾性相配，从而产生某种统治性的阴郁情绪。毫无疑问，这一点的根本原因在于无法改变的机体构造，尤其或多或少地取决于敏感度、易怒程度与新陈代谢。过于反常的敏感度会导致情绪的不稳定，引发周期性的过度愉快和强大的忧郁情绪。因为天才的出现取决于超常的神经能力，也就是敏感度，因此亚里士多德的评价非常正确——所有杰出和优越的人们都是忧郁的。"所有那些无论是哲学、政治学、诗歌或其他艺术方面表现出色的人，看上去都

———————

① 爱比克泰德：古希腊哲学家，晚期斯多葛派代表哲学家。

是忧郁的。"(《论问题》第 30 章）毫无疑问的是，在这一点上，西塞罗这句经常被引用的话也非常具有洞察力："亚里士多德说过，所有的天才都是忧郁的。"(《图斯库鲁姆辩论集》第 1 章）我在这里进行观察的对象，也就是基本情绪与生俱来的重大差异，莎士比亚曾经以非常优美的方式进行过描绘：

> 自然在它的时代造就了奇特的追随者：
>
> 有些人总是眯着眼睛窥探，
>
> 并且发出欢笑，像看见了苏格兰风笛的鹦鹉；
>
> 另一些人总是面孔酸涩，
>
> 他们不会在微笑的时候露出牙齿，
>
> 尽管奈斯特发誓那笑话真的好笑。
>
> ——《威尼斯商人》

区别就在于此，柏拉图用了"沉郁"和"轻松"这样的表达来描述。造成区别的原因可以追溯到一个事实，也就是不同的人面对愉快或者不愉快的印象有着不同的感受能力，使一个人发笑的事情，会使另一个人几乎陷入绝望；而一个人接受愉快印象的能力越弱，那么他接受不愉快印象的能力就越强，反之亦然。在同一事件呈现出均等的幸运和不幸的可能性的时候，"沉郁"的人会因为不幸的可能性感到气恼或者是烦闷，却不会因为幸运的可能性感到高兴，而"轻松"的人则既不会因为不幸的可能性感到气恼，也不会感到烦闷，而是会因为幸运的可能性感到高兴。如果"沉郁"的人成功做到了十件事情中的九件事情，那么他也不会为此而感到高兴，而是会为那一件失败的事情感到气恼；与之相反，"轻松"的人只要成功地做成了一件事情，就能够为此感到安慰和鼓舞。但是没有百分之百的坏事，"沉郁"的人，也就是个性阴郁和焦虑的人总的来说比快乐和无忧无虑的人承受了更多想象中的不幸与苦难，却因此而在实际上经历了更少的不幸和苦难。因为他们把一切都看成一片漆黑，始终都惧怕着最坏的情况，因此准备了预防措施，不会像那些总是赋予事物愉快色彩与愉快前景的人们一样失算。但是如果一个人具有病态的神经反应或者是消化系统的问题，天生又是一个"沉郁"的人，那么这种持续的不适在发展到一定高度的情况下就会产生厌世情绪，由此产生自杀倾向。最微不足道的不愉快的事件都有可能引发行动，是的，在最糟糕的情况下，甚至也不需要什么不愉快的事件，仅仅是闷闷不乐的心情就能够催生自杀行为了，而且是在经过了冷静的思考之后怀着坚定的决心做出的行为，大部分已经被监视的病人还是会不断地利用不被监视的一瞬间采取行动，没有犹豫、挣扎或是退缩，抓住在这个时刻对他来说自然而舒适的解脱方法。埃斯基洛尔①的《精神疾病》对这种情况进行过详细的描述。但是在

---

① 埃斯基洛尔（1772—1840）：法国早期精神病学家。

某种情况下，就连最为健康、甚至是最为愉快的人们也会决心自杀，那是因为痛苦过于巨大，迫近的不幸已经无法避免，这压倒了对死亡的恐惧。区别仅仅在于自杀需要的诱因大小，这与"沉郁"的程度成反比。沉郁的程度越高，那么需要的诱因就越小，最终甚至会降为零；与之相反，反对"沉郁"的情绪越强烈，支撑情绪的健康状况越好，那么需要的诱因就越大。这样一来会出现无数个分级，自杀的两种极端情况就是：与生俱来的"沉郁"得到了纯粹的病理学层面的加剧；愉快健康的人们完全出于客体的原因而自杀。

健康与外貌有着部分关联。这一主体优势实际上不能直接给我们的幸福做出贡献，而是只能间接地带来贡献，也就是通过我们给其他人留下的印象带来贡献。但外貌还是非常重要的，即便对男性来说也是一样。美貌就是一封公开的推荐信，帮助我们去赢得别人的心。因此荷马的诗句在这里尤其适用：

这些馈赠是神灵的恩赐，

除了神灵的恩赐，

没有人能够得到它们。

——《伊利亚特》

普遍的观察可以证明，人类幸福的两大劲敌是痛苦和无聊。我还想作出一条评论：在我们能够感到幸福的范围内，当我们远离了一个敌人，我们就靠近了另一个敌人，反之亦然，因此我们的生活实际上是在这两者之间或强或弱地摇摆。这是因为，这二者属于一种双重的对立关系，一种是外在的或者是客体的，一种是内在的或者是主体的。外在的对立就是困苦和匮乏产生了痛苦，与之相反，安全和丰裕则产生了无聊。因此，我们可以看到下层的劳动阶级与困苦也就是痛苦进行着持续的斗争，而富裕高贵的世界里则经常与无聊陷入真正绝望的搏斗。内在的或者是主体的对立基于这一点：一个人对其中一方的感受力与对另一方的感受力成反比，这是由他的精神力量决定的。也就是说，迟钝的精神普遍来讲意味着迟钝的感受力和兴奋的缺乏，这导致对各种形式和强度的痛苦和折磨感受较少。精神迟钝也导致了另一方面的后果——这烙在了无数人的脸上——就是对所有外在事物的持续的密切关注，甚至是对最微不足道的事件的关注，这泄露了他们内在的空虚，这就是无聊的真正源头——始终渴求着来自外界的兴奋剂，以使精神和心绪通过某种东西活动起来。他们为此做出的选择并不特别，我们可以看出来，他们打发时间的方式是多么的贫乏，他们的社交和对话方式是如此单一，在门口或者窗边窥视的行为是如此之多。这种内部的空虚催生出了对各种社交、消遣、娱乐和奢侈的追求，许多人都会因此走向挥霍财产，然后通往苦厄。最能够抵御这种苦厄的莫过于内在的丰盈，也就是丰富的精神思想。因为精神思想越接近卓越，无聊的空间就越少。这种取之不竭的活跃思想始终在和内部与外部世界的丰富表象玩着不断更新的游戏，这种力量和冲动不断产生新的组合，除了放松的片刻，这些都可以使卓越的头脑远离无聊。但是另一方面，高智力的直接前提就是高敏感度，并且以强烈的意志，也就是激情为根基，它们的结合造成了一种远远更为强大的情感力量，还有面对精神甚至是肉体痛苦的更高感受力，在遇到任何障碍或者甚至仅仅是干扰的时候都会感到更强烈的不耐烦。所有这一切加强了全部想象的活跃性，也就是说，也增强了那些令人反感的想象。这些适用于所有等级的人，从最迟钝的愚蠢头脑一直到最伟大的天才。因此，无论是从客观的还是从主观的角度来看，每一个人都是这样，越接近人类生活磨难的一个来源，就会越远离另一个来源。他的天生倾向会引导他做出相符的行为，使他的客体尽可能地与他的主体相吻合，也就是采取最大的防御措施应对他最能够感受到的那种痛苦的来源。精神丰富的人会首先追求毫无痛苦、充满耐心、平静悠闲的生活，最终过上一种安静、简朴但是尽可能不受干扰的生活，因为在他对所谓的人有所了解以后，就会选择隐退，精神非常强大的人甚至会选择独处。因为一个人自身拥有的越多，他对外界的需要就越少，其他人对他的需求也会越少。因此，卓越的思想会导致不合群。是的，如果社交的质量可以被数量代替，那么即便努力生活在一个巨大的世界里也是值得的。但是很可惜，一百个愚人聚在一起，也比不上一个聪明人。至于另一个极端的人，只要苦厄稍微让他喘了一口气，他就会寻求消遣和社交，不惜一切代价，轻易地接受一切，只不过是为了逃离他自己。因为在独处的时候，每个人都只能够指望自己，这时自身所拥有的东西就会暴露出来。于是，愚人背负着可悲的自身这一无法摆脱的负担气喘吁吁，而那些天赋异禀的人，即使身处荒野之地，仍凭借活跃的思想显得富有生气。因此，塞内加[①]说得很对："愚蠢的人承受所有苦难。"(《书信集》，第9章)，与耶稣·西拉[②]的话相比，耶稣说："愚人的生活比死亡更可怕。"因此人们会发现，总的来说，每个人的社交总量与他精神的贫乏和总体上的庸俗成正比。因为人们在这个世界上别无选择，除了孤独，就是庸俗。

由此可以得出，大脑是整个机体的寄生物或者是住客，每个人努力获得的自由闲适都是为了让人自由地享受他的意识和他的个性，这种自由闲适就是人类整个存在的成果与精华，此外只有劳碌和工作。但是这种自由闲适给大多数人带来的是什么呢？如果没有那么多的感官享乐和疯狂胡闹，那么就是无聊和愚蠢。人们度过自由时光的方式显示出了这段时光完全没有价值。这段时光也就是阿里奥斯托[③]所谓的"一无所知的人的漫长空闲"。普通人只会考虑如何打发时间，富有天才的人却会利用时间。狭隘的头脑受到无聊的

---

① 塞内加（约前4—65）：古罗马哲学家、雄辩家。

② 耶稣·西拉：相传是耶路撒冷的一名经师，是《圣经·旧约·传道书》的作者。

③ 阿里奥斯托（1474—1533）：文艺复兴时期意大利诗人，代表作为《疯狂的罗兰》。

如此折磨，因为他们的智力仅仅是他们意志动机的媒介。如果眼前没有出现动机，那么意志就会歇息，智力也会得到闲暇，因为这几项事物都不会自行活跃起来，结果就是整个人的力量都会陷入可怕的僵滞，也就是无聊。面对无聊，人们只能把意志推给一些渺小、非常暂时和随意的动机，激发意志，也由此激发智力，而智力就是要理解意志，采取行动。这比起真正的、自然的动机就像纸币与金银相比，因为它的效用是不稳定的。这样的动机只能用在游戏和打牌等活动中，而这些活动就是为了这个缘故而发明的。如果缺乏这些活动，那么狭隘的人们就只能通过拍打和敲击手边能够拿到的东西来帮助自己了。甚至雪茄对他来说也是一件完美的思想的替代品。也就是说，正因如此，在所有的国家里，打牌都成了所有社交活动的主要事项。它就是衡量社交价值的标尺，也宣布了所有思想的破产。也就是说，因为他们已经没有可以用来交换的思想，他们就交换纸牌，试图赢取彼此的金钱。哦，可悲的一代人啊！但是我不想表现得不公正，我不想抑制这样的思想，也就是我们无论如何都能够为打牌这种行为辩护，因为它是一种认识世界和应付世俗生活的演习，只要人们能够从中学到如何机智地利用偶然的、不可改变的情况（牌局），总是能够从中找到一条出路。为了做到这一点，人们必须习惯保持镇静，即便牌局不利也要摆出一副欢愉的面孔。但是正因为这一点，从另一方面看，打牌也会产生不道德的影响。也就是说，这个游戏的精神在于人们要通过所有智慧，通过所有技巧和狡诈去赢取别人的财物。而在游戏里学到的习惯会入侵实际生活，扎下根来，人们会逐渐习惯在处理双方事物的时候也这样做，认为只要法律允许，就可以利用掌握在自己手里的每一个优势。这方面的例子在市民生活中每天都可以见到。因为就像我已经说过的那样，自由、闲适是每个人的生命存在开出的花朵，或者不如说是果实，只有它能够使人拥有自身，而只有那些自身也拥有某种价值的人才会被赞为是幸福的。而绝大多数人只会因为自由闲适变成一个无所事事的家伙，无聊到极点，觉得自己成了负担。为此我们应该庆幸，"亲爱的兄弟们，我们不是女佣的孩子，我们是自由人。"（《加拉太人书》第4节）

在此之外，很少需要或者不需要进口的国家才是最幸福的国家，人类也是一样，满足于自己内在的丰富，很少需要或者不需要外在娱乐的人才是最幸福的人。因为进口货物花销巨大，只能制造依赖性，会带来危险，引发不满，最终只不过是本国产品的劣等替代品。因为说到底，对于他人，对于外界，我们不应该抱有太高的期望。一个人能够为他人做的事情非常有限。归根结底，每个人都是独自一人，这时最重要的就是每个人独处的时候是什么人了。歌德（《诗与真》第3卷）所做出的泛泛评论也适用于这里：无论经历什么事情，每个人最终都会回到自己身上。或者就像奥立弗·高尔斯密① 所说过的那样：

> 在任何地方都回归自身，
>
> 我们制造或找到自己的幸福。

——《旅行者》

因此每个人都必须尽量多地、尽善尽美地成为自己，为自己做出尽量多的、尽善尽美的事情。一个人做得越好，就越是能够因此而在自身找到享乐的源泉，就越是幸福。亚里士多德说得非常正确："幸福属于那些能够自得其乐的人。这是因为幸福和快乐的外在源泉，就其本质而言，都极其不确定，并且为时短暂和受制于偶然。因此，甚至在形势大好的情况下，这些外在源泉，仍然会轻易终结。"（《优台谟伦理学》第7章）的确，只要这些外在源泉不在我们的控制之下，那这种情形就是不可避免的。到了老年，几乎所有这些外在的源泉都必然会走向枯竭。因为爱情、机敏、旅行的乐趣、骑马的乐趣和社交的能力会离开我们，甚至朋友和亲人也会被死亡从我们身边带走。这时，自己所拥有的东西就比任何时候都更为重要。因为这是最能够长久拥有的东西。在任何年龄段，它都始终是幸福真正的和唯一持久的源泉。我们在世界上的各处都无法得

---

① 奥立弗·高尔斯密（1728—1774）：英国小说家、剧作家、诗人。

到太多的东西。世界充满了困厄和痛苦，如果从这一切之中逃脱，那么无聊就在所有的角落潜伏着。此外，邪恶通常占据统治地位，而愚蠢享有最大的话语权。命运是残忍的，人类是悲惨的。在一个被创造成这样的世界里，自己拥有许多东西的人就好像在十二月夜晚的冰雪之中拥有一间明亮、温暖、快活的圣诞小屋。因此，拥有具有优势、丰富多彩的个性，尤其是拥有高度发展的精神，毫无疑问就是世界上最幸福的际遇，尽管它和最闪耀夺目的际遇还是有些差别。因此年仅十九岁的瑞典女王克里斯蒂娜说过一句非常聪慧的话。那时笛卡尔在至深的孤独中，在荷兰生活了二十年，而她仅仅是通过一篇论文和一些口头的报告了解了他："笛卡尔先生是世界上最幸福的人，我很羡慕他的境况。"（巴叶《笛卡尔的一生》第7卷）当然，即便是笛卡尔的情况，外在环境也必须足够有利，这样人们才能够享有自己，并且享受自己。所以《传道书》说道："智慧再加上一笔遗产就美好了，智慧帮助一个人享受阳光。"因此，由于自然和命运的恩惠得到了这种命运的人，就需要小心翼翼地看守自己内在的幸福源泉，让它始终保持畅通，而做到这一点的条件是独立性与自由闲适。这样一来，他会乐于以节制和简朴换取这些条件。如果他不像其他人那样依赖外在的享乐源泉，他就更应该这样做。因此，世间的官职、金钱、利益和赞许就不会把他引入歧途，使他放弃自我，以迎合人们低级的目的和恶劣的品位。完美的例子就是贺拉斯在写给梅斯纳斯的书信里那样的做法（贺拉斯《书信集》)。向外在赢取，却失去内在的事物——也就是说，完全将他的宁静、闲适和独立性献给荣光、等级、富贵、头衔和名誉，是一件非常愚蠢的行为。但歌德做了这样的事情。而我的守护神将我坚决地引向了另一边。

我在这里所讨论的真理，也就是人类幸福的主要源泉在于自己的内部，也可以在亚里士多德那里找到非常正确的例证，在《尼各马可伦理学》里提到了所有享乐的前提都是某种活动的力量，如果没有这种力量，也就没有享乐。亚里士多德的一项教导，也就是一个人的幸福来源于他能够不受阻碍地运用自己最为突出的能力，这一点也在斯托拜乌斯对逍遥派伦理学的阐述中表达出来（《牧歌集》第 2 卷）。他说："幸福就是发挥、应用我们的技巧，并取得期待的结果。"他特别说明，这里的"技巧"意味着任何一种精湛的技艺。大自然赋予人类力量，初衷就是让人有能力与从四面八方包围他的困难做斗争。但一旦这样的斗争陷入停息，那么这些无所事事的力量就会成为人类的负担。因此，他现在不得不和它们游戏，也就是说，漫无目的地使用它们。因为不然的话，他就会陷入人类苦难的另一个源泉，也就是无聊，而且是立刻就会陷入无聊。所有伟大和富有的人们都饱受无聊的折磨，关于他们的悲苦，卢克莱修[①]已经给出了描绘，在今天看起来还是非常出色。在每个大城市、在每一

_____

① 卢克莱修（约前 99—前 50）：拉丁诗人和哲学家。

天我们都能够看到这样的情况：

> 他经常离开庞大的宫殿，
>
> 因为感到无聊，然后又回去，
>
> 因为没有感觉更好。
>
> 或者跑着回到乡下的宅邸，
>
> 焦急得就像房子着了火一样。
>
> 到了那里，又昏昏沉沉，想要忘记一切，
>
> 或者就是再次返回城市。

——《物性论》第 3 卷

　　这些先生们在年轻的时候，肌肉力量和生殖能力都旺盛十足。但随着岁月的流逝，只剩下了精神的力量。要是他们缺少这种力量，或者是他们受到的教养和所有的能力都无法让他们采取行动，这样的话就会非常悲哀。因为意志是唯一取之不尽的力量，所以它现在就会被激情的运动刺激，例如一掷千金的赌博，这真的是一种低级的恶习。但一般来讲，每个无所事事的个人都会根据自己擅长运用的力量挑选并从事一种游戏，比如九柱戏或者是象棋，狩猎或者是绘画，赛马或者是音乐，打牌或者是作诗，研究纹章学或是哲学，诸如此类。我们甚至可以对这件事情进行一次具有方法论的研究，对所有人类力量的表现方式进行追根溯源，也就是把它们当作

漫无目的的游戏，分成三种生理层面的基本力量，作为三种有可能的享乐的源泉，每个人都可以根据自己的优势力量挑选适合自己的享乐。首先是新陈代谢的力量带来的享乐，包括饮食、消化、休息和睡眠。这些享乐在一些民族甚至被赞颂为全民娱乐。其次是激进的享乐，包括漫步、跳跃、搏斗、跳舞、击剑、骑马和各种各样的体育游戏，也包括狩猎，甚至包括打架与战争。最后就是感性的享乐，包括观察、思考、感受、作诗、绘画、奏乐、学习、阅读、冥想、发明和哲学思考，诸如此类。至于每种享乐的价值、等级和持续时间，已经存在许多种说法，读者可以自行补充。但是我在这里想要说明的是，我们都是利用自己的力量得到的这些享乐，我们反复感受到的幸福越频繁，那么这种作为前提的力量就越是高级。从这个角度看，感性是人类胜过其他动物的绝对优势，而另外两种生理的基础力量在动物身上也存在，甚至还要胜过人类，因此，没有人会否认感性享乐的优势地位。感性属于我们的认知能力。因此这种优越的特性可以使我们产生认知，也就是拥有所谓的精神层面的享受，感性的能力越强，这种优势就越发明显①。要使平凡的普通人活跃地参与某件事情，只能够激发他的意志，也就是说激发他的个人兴趣。但是这种意志的持续激发无论如何都是一种混杂的形式，也就是说，与痛苦紧密相连。蓄意的刺激方式尽管只能够带来些微

---

① 自然持续进步，首先是从无机王国的机械和化学作用演变到植物王国和植物默默无言的自我享受，然后是动物王国，在那里出现了智力和意识的萌芽，从低等的开端一步一步地上升，最终发展到了最伟大的阶段，即人类的诞生，也就是说，人类的智力是自然的巅峰，自然达到了自己的创造目的，完成了它所能完成的最完美和最艰难的作品。但是在人种内部也存在着巨大而且惊人的智力差异，从最高等一直到最低等。也就是说，从严格的狭义上讲，这个世界上只有少数具有最完美价值的人才是自然最艰难和最高级的产物。这样的智力会带来最清晰的意识，可以将世界最清晰、最完整地反映出来。因此拥有这种能力的人也就拥有了世界上最高贵和最珍稀的东西，因此也拥有了享乐的源泉，其他的享乐与之相比都是微不足道的。这样的人对外界不需要再索求什么，只需要闲适，用以不受干扰地依靠自己拥有好东西得到快乐，打磨自己的钻石。因为所有其他事物，也就是非智力的享乐都是低级的：它们全部出自意志的活动，也就是说来自愿望、希冀、恐惧和目标，无论指向什么，都永远不可能毫无痛苦地消退，而且一般来说，在达到目标的时候，就会或多或少地出现失望的情绪。但智力享受只会让真理变得越来越明晰。在智力的王国里没有痛苦，一切都受到认知的统治。所有的智力享受都根据自己智力所能理解的尺度而定：因为"世界上所有的精神，对于没有精神的人来说几乎等于零"（原文为法语。拉布吕耶尔（1645—1696），写讽刺作品的法国道德学家，著有《品格论》）。但是，一个真正的、与这种优势相伴的副作用是，总体来说，随着智力的增加，感受痛苦的能力也会提升，也就是智力最高的人感受痛苦的能力也会达到最高级。——作者原注

的兴趣，但是也只能够引发短暂和微弱的痛苦，而不是持久的、严肃的痛苦，因此，我们也只能把世界各地的"上流社会"所流行的纸牌游戏视为一种对意志的挑逗①。与之相反的是，拥有突出的精神力量的人们却可以非常活跃地参与到纯粹求知的活动中，完全不掺杂意志的成分。他们可以这样做，甚至是必须这样做。在他们参与的这个领域里，本质上并不存在痛苦，就好像置身于众神生活着的轻松氛围——"生机勃勃的氛围"。而其他人的生活就这样走向愚昧，他们的思虑和渴望完全集中于他们个人幸福的微不足道的利益，因此通向了各种各样的悲惨际遇，只要他们为了这些目标的奔忙陷入停滞，他们回到自己身上，那么他们就会陷入难以承受的无聊，只有激情的野火才能够使这些呆滞的群众做出某种运动。与之相反，精神力量突出的人却拥有一种思想丰富、始终活跃而且意蕴丰富的

---

① 庸俗的本质在于，意志在意识里完全压倒了认知，最终使得认知完全成为意志的仆人，结果就是在不存在或大或小的动机的时候，这个仆人就会停止服务，认知就会完全停滞，结果就是出现完全的思想空白。但是缺乏认知的意志是最为普遍的情况，所有愚笨的人都是如此，都展现出了这一点。由此产生了所有的庸俗的状态。在这种状态下，只有感觉器官和处理这些数据所需要的最低理解力才处于活跃水平，因此庸俗的人始终在接受所有的印象，也就是说，接受他身边发生的所有事情，接受他看到的所有事情，就连最轻微的声响和最微不足道的情况也能够立即激发他的注意力，就像在动物身上那样。这种状态从脸上和整个外观上都可以看出来，大多数情况下，意识被越低级、越自我和越低劣的意志占据，这个人留给人的印象就越令人反感。——作者原注

生活。他忙于应对值得的和有趣的对象，只要他可以与这些对象相处，而且他的自身就包含着最为高贵的享乐的源泉。来自外界的刺激就是自然的杰作和对人类为了生计而奔忙的观察，还有所有时代和国家的天赋异禀的人们所做出的形形色色的贡献。事实上，只有这样的人才能够彻底地享受它们，因为只有这样的人才具有完备的理解力和感受力。对这样的人来说，那些历史上的杰出人物才算真正存在过，而其他人只是偶然的听众，只能理解这些杰出人物的思想的一部分。当然，这样的人比其他人多了一项需求，那就是学习、观察、研究、冥思和实践的需求，也就是对自由闲适的需求。但是正如伏尔泰所做出的正确评论，"真正的快乐来自真正的需求"，因此这项需求就是得到其他人无法得到的享乐的条件。尽管自然和艺术的美妙、各种精神方面的作品也堆积在其他人的身边，但是从本质上看，这些东西对他们来说就像是一位花魁对一位老者的作用。因此，一位出众的人在自己的个人生活之外，还过着另一种生活，也就是一种智力的生活，这种生活逐渐成了他实际上的目的，而他将第一种生活仅仅视作手段。而对其他人而言，单调、空虚和沉闷的生活本身就不得不成为目的。因此，每个出众的人都过着智力层面的生活，通过不断增长的洞察力和认知而形成了一种关联，一种持续的升华，一种越来越稳固的整体和一种完美的状态，就像一件不断成型的艺术品。与之相比，其他人那完全实际、仅仅追求个人幸福、只追求长度而不是深度的生活就显得可悲。正如我所说过的那样，这种生活对于普通人而言是目的，而对于出众的人而言仅仅是手段。

我们实际上的现实生活如果没有激情的驱动，就会变得无聊和苍白。但是如果它受到了激情的驱动，就很快会变得痛苦。因此，只有那些具有超群智力的人们才是幸福的，他们的智力超出了为意志服务的需要。因为他们在真实的生活之外，还过着一种智力的生活，可以持续地以毫无痛苦的方式生活着，同时却也保持活力和娱乐。仅仅拥有闲适，也就是不需要为意志服务的智力，还无法抵达这一点，还需要真正突出的力量。因为只有这种力量才能够从事不为意志服务的纯精神活动，与之相反，"没有精神的闲适就是活埋的死亡"（塞内加《书信集》）。根据这种能力的大小，人们的第二重生活，即智性生活会有无数的发展方向，从仅仅是收集和描绘昆虫、鸟类、矿石和钱币一直到做出诗歌和哲学领域的最高贡献。这样的智力生活不仅仅保护我们免于无聊，也保护我们免于堕落的后果。也就是说，它保护我们免于低质的社交，免于许多危险、事故、损失和挥霍，而如果我们完全在现实世界找寻自己的幸福，那么我们就会陷入这些困境。比如，我的哲学没有给我带来什么东西，但是它为我免去了许多折磨。

相反的是，普通人却将自己生活的享乐与身外之物联系在一起，比如财产、等级、女人、孩子、朋友和社交等，这些东西支撑着他生活的幸福。因此，一旦他失去了这些东西，或是这些东西令他感到了失望，他的幸福也就走向了分崩离析。为了表达清楚这种关联，我们可以说，他的重心在他的外部。正因如此，他的愿望和念头总是不断地变换。如果他的手段允许，他就一会儿购买乡村别墅，一会儿购买马匹，一会儿举办宴会，一会儿出门旅游，彻底享尽奢华，因为他只能够从外在寻得各种各样的享乐，就像衰弱无力的人想要通过肉汤和药物获得健康，变得强壮，而健康真正的源泉却是自身的生命力。我们现在先不立刻去看另一个极端，除了另一个极端，还有一些不是非常卓越但也拥有了超乎寻常的精神力量的人们，我们可以看出，如果外在的泉源被堵塞，或者是不再能够令他们满意，那么这些人就会将一门优美的艺术作为爱好，或者是业余学习一门自然科学，例如植物学、矿物学、物理学、天文学、历史学等，并且立即能够从中找到相当大的一部分享乐。他们在艺术领域只达到了业余水平，距离突出的能力也还有很远，或者因为单纯的自然科学知识仅仅停留在表面的关系层面，因此没有办法整个人投入其中，没有办法使自己的本质完全被其占据，直到失去所有其他的兴趣。这一点只有那些精神最为卓越的人们才能够做到，我们将这些人称之为大才。因为只有他们会将事物的存在和本质完全彻底地纳入他们的生活主题，然后他们就根据各自的方向，努力把自己的深刻见解通过艺术、诗歌或者是哲学表达出来。所以只有这种人迫切地需要不受打扰地忙于自己的事情，即忙于自己的思想和作品，他们乐于独处，认为自由闲适是至高无上的宝藏，其他的一切都是可有可无的，是的，其他的一切如果存在，经常还只能够成为负担。我们只有对这种人才可以说，他的重心完全在他的内部。由此甚至可以解释清楚，为什么这种非常罕见的人即便是具有最好的性格，也不会对朋友、家庭和集体展现出亲密而且毫无边界的热衷，而其他许多人却可以做到这一点——因为他们无论如何都可以得到安慰，即便他们只拥有他们自己。当其他人从来没有真正地满足过他们的时候，他们身上这种孤绝的特质就会表现得更为明显，因此他们不会完全彻底地把别人视为自己的同类。是的，如果他们始终能够在所有事情中感受到与所有人互为异类，他们就会渐渐习惯作为不同的人生活在人群之中，在思想里使用第三人称复数而不是第一人称复数来称呼其他人。[1]

从这个角度来看，那些天生智力超群的人们是最幸运的人。的确，主体对我们来说比客体更近，客体的作用无论是何种形式，都总是首先要通过主体来传导，也就是说，仅仅是次要的作用。这些美丽的诗句也证明了这一点：

灵魂的富有是真实的富有，

其他的东西带来的烦恼多过好处。

——琉善[2]《隽语集》

---

[1] 指使用"他们"而不是"我们"。

[2] 琉善（约120—180）：古希腊修辞学家、讽刺作家。

这样一个内心丰富的人对外再别无所求，除了一项被动的赠礼，也就是自由闲适，用以培训和发展自己的精神能力，享受自己内心的丰富，也就是说，实际上他只需要得到许可，可以终其一生，每一天和每一小时都被允许完全地成为他自己。如果一个人注定要把自己的精神轨迹留给全人类，那么对他来说就只有一种幸运或者是一种不幸：要么能够完美地训练自己的才能，完成自己的作品，要么就是受到阻碍。所有一切对他来说都是无关紧要的。因此，我们可以看到所有时代的伟大思想家都赋予了自由闲适以最高的价值。因为自由闲适对一个人的价值和他自身的价值成正比。亚里士多德说："幸福似乎就是闲适。"（《尼各马可伦理学》第 10 章）第欧根尼·拉尔修（《名哲言行录》第 2 卷）也写道："苏格拉底珍视闲暇甚于一切。"与之相符的是，亚里士多德（《尼各马可伦理学》第 10 章）也宣称，哲学生活是最幸福的生活。他甚至在《政治学》（第 4 章）中说道："无论拥有的是何种优势，只要其能不受阻碍地予以发挥，就是真正的幸福。"这与歌德在《威廉·迈斯特》中的说法不谋而合："如果谁拥有一种与生俱来的天赋，谁就会在这种天赋里找到最美丽的生活方式。"但是拥有自由闲适不仅仅需要不寻常的命运，还需要与他人格格不入的天性，因为人类的自然使命就是终其一生为自己和自己的家庭获取生存必需品。人类是苦厄的孩子，不是自由智力的孩子。正因如此，自由闲适很快就会成为普通人的负担，甚至最终会成为一种折磨——如果他不借助任何虚构的或者是强制的目标来填满它，通过游戏、消遣和各种形式的业余爱好来填满它。也正是出于这个原因，闲适可能会给普通人带来危险，"无所事事的安静是很难的"，这句话是很有道理的。另一方面，远远超出普通水准的智力本来就是反常的，也就是反自然的。但是既然存在这种情况，而且这对于拥有天赋的人是一种幸福，那么他就会渴望别人时而视为负担、时而视为有害的那种自由闲适，因为没有这种闲适，他就是一匹套着枷锁的柏加索斯[①]，并因此感到不幸。但是如果两种反自然的情况，也就是外在和内在的情况结合在一起，那么就会出现一个非常幸福的案例。因为现在这个人的情况就会非常有利，可以过上一种更高级的生活，也就是免于遭受人类苦难的两种相反的来源——苦厄和无聊，或者说是为了生活充满忧虑的奔波和难以忍受的闲适（也就是自由的生活本身）。否则为了逃脱这两种人类的瘟疫，只能让它们交替中和、彼此驱逐。

但是我们也要从另一个角度来考虑这一点，也就是具有巨大精神天赋的人也因此具有超群的神经活动能力，这导致他们对任何形式的痛苦的感受力都极大地增强了。此外，他们与生俱来的激情化的脾性，还有与这一切都不可分割的对所有事物的想象力的活跃和完善，都会导致被刺激的情绪变得远远更为激烈，而且

---

① 柏加索斯：希腊神话记载中，长有双翼的飞马，被其足踩过的地方涌出泉水，如人饮下可获灵感。

一般而言，痛苦的情绪多过愉快的情绪。最后还有一点，也就是这些拥有巨大精神天赋的人们与其他人和他们的追求格格不入，因为他们自身拥有的越多，在别人身上所能得到的就越少。其他人非常享受的成百上千桩事情对他们来说都浅薄而缺乏乐趣，而无处不在的均衡互补法则在这里也许也能够发挥作用。确实，人们经常不无道理地断定，精神层面最狭隘的人从本质上讲是最幸福的人，尽管没有人会嫉妒他们的幸福。我不想在这件事情上预先给读者一个明确的断言，尤其是索福克勒斯①本人在这件事情上都发表过两种互相矛盾的意见：

头脑聪明的人有许多幸福。

——《安提戈涅》

还有：

头脑空空的生活是最愉快的。

——《埃阿斯》

在《圣经·旧约》里，贤哲们的说法，同样令人莫衷一是：

---

① 索福克勒斯（前 496—前 406）：古希腊三大悲剧家之一。

愚人的生活比死亡还要糟糕！

——《传道书》

哪里有智慧，哪里就有许多悲伤。

——《传道书》

　　但我在这里还是不能不说，一个智力普通且非常有限的人，没有任何精神需求。关于这类人，实际上仅仅在德语里有一个表述——源自大学生活，但是却有了更高的含义，尽管和原始的含义很类似，这个表述就是 Philister——"菲利斯特人"，也就是"缪斯的孩子"的反义词。这个词的本义应该是"恶心的人"。尽管我本应该采用一个更高的视角来谈论"菲利斯特人"的定义，也就是永远严肃地专注于并非现实的现实的人们。但是这样一个超验的定义不符合普遍的视角，而我在这本书里采取的正是这种视角。因此这样做就不太合适，也许不会得到每个读者的透彻理解。与之相反的是，第一种特别的解释就充分地说明了事情的本质和这个特性的根源，也就是菲利斯特人的性格特征。按照这种说法，菲利斯特人是没有精神需求的人。从这一点，也可以得出许多结论。首先，根据已经提过的原则，"没有真正的需求也就没有真正的快乐"，他没有精神层面的享乐。他自身没有走向认知和洞察的驱动力，只有他的存在。他也没有任何真正的美学享乐，因为美学享乐和认知与洞察紧密相连。但是如果某种时尚或者是权威把这种享乐强加给他，他就会把这些东西当作一种强制的工作尽快完成。对他来说，真正的享乐只有感官层面的享乐，这种享乐不会给他带来伤害。因此牡蛎和香槟就是他们生活的高点，一切能够给他们身体带来舒畅的东西都是他们生活的目的。如果他为这样的事物付出了许多劳碌，那么他就足够幸福了！因为如果在一开始就把这些好处施舍给他，他就会毫不例外地陷入无聊，试图通过所有能够设想到的方法对抗无聊：舞会、戏剧、社交、纸牌、赌博、马匹、女人、饮酒、旅行等。但所有这些都不足以应对无聊，因为没有精神的需求，就不可能有精神的享乐。因此"菲利斯特人"是愚笨、枯燥、严肃的人，性格特征有点接近动物。没有什么能够使他快乐，没有什么能够令他激动，没有什么能够赢得他的热忱。因为感官的享乐很快就会耗尽，由同样的"菲利斯特人"组成的社交也很快会变得无聊，纸牌玩到最后也会令人厌倦。无论如何，他还有虚荣方面的享乐，也就是追求财富或者地位、影响力、权势，以及其他能够让他因此而备受尊敬的东西，或者他至少可以追随那些在这些方面表现卓越的人们，和他们交往，沐浴在他们的光辉的映射中。从上述这些"菲利斯特人"的本质特性中可以得出第二点，也就是对他人的指望。既然"菲利斯特人"没有精神需求，而是只有肉体需求，那么他在与他人的交往中也会寻求能够满足肉体需求而不是精神需求的人们。因此，他对其他人最不可能提出的要求就是具有出众的精神能力。

更确切的说法是，出众的精神能力会顶撞他们，引起他们的反感，甚至是憎恨，因为他们有着一种可憎的自觉低劣的感觉，由此发展成一种沉闷、隐秘的嫉妒。他会小心翼翼地掩饰，甚至试图在自己的面前掩饰，但正是因此，这种嫉妒有时候会演变成一股沉默的怒火。他永远也不会想到要对卓越的思想表现出珍视或者是尊敬，而是仅仅把尊敬留给地位和财富、权势和影响力，只有这些东西在他的眼睛里才是真正的优势，在这些领域取得卓越的成就也就成了他的愿望。所有这些都源于一点：他是一个没有精神需求的人。"菲利斯特人"莫大的痛苦在于理想主义没有办法给他带来愉快，他们为了逃避无聊，始终都需要现实。但是有些现实的事物很快就会穷尽，不再能够给他们带来娱乐，而是令他们厌倦，有些现实的事物会引向各种各样的灾祸。与之相反，理想的事物是不可穷尽的，它们本身也是无邪和无害的。

在关于个性特征给我们的幸福做出的贡献的这整篇内容中，我考虑到了身体方面的特性，更着重考虑到了智力方面的特性。至于道德层面的突出之处如何给人带来间接的幸福，我已经在我关于道德基础的获奖论文[①]里谈论过了，因此在这里不再多加探讨。

---

① 指《论道德的基础》（1840 年）。

第三章
人所拥有的财产

伟大的幸福导师伊壁鸠鲁已经正确且美妙地把人类的需求分成了三类。首先就是必需的自然需求，也就是说仅仅包括"衣食"。如果这类需求得不到满足，就会引发痛苦。这类需求很容易满足。第二类需求尽管是自然的，却不是必需的，它就是性满足的需求。尽管伊壁鸠鲁在第欧根尼的报告中没有提及他的这一观点（我在这里把他的学说表达得更合理、更完善）。要满足这类需求就更困难一些。第三类需求既不是自然的，也不是必需的，那就是对奢侈、丰裕、华丽和荣光的需求。这种需求是没有止境的，要满足它是很困难的。

　　要对我们希望拥有的财产进行一个符合理智的限制，如果不是不可能的，那么也是很艰难的。因为在这方面，一个人的满足感并不基于一个绝对的数量，而是一个相对的数量，也就是说基于他自己的要求和自己的财产之间的关系。因此，仅仅观察一个人拥有的财产就像在算数的时候仅仅考虑分子而忽略分母一样毫无意义。如果对某一项财产的要求从来没有进入一个人的思想，那么这项财产对他来说就完全是可有可无的，没有这项财产，他也可以彻底感到心满意足。但是即便他拥有相对于他人而言上百倍的财产，只要他对另一项财产产生了要求，那么他就会感到不幸。按照这种观点看来，每个人对于自己有可能得到的财产都有自己的预估。我们的要求就限制在这个范围内。如果这个范围内的某种客体出现在一个人的面前，他相信自己可以得到它，那么他就会感到幸福。与之相反，如果他觉得得到这种客体存在着困难，他就会感到不幸。在这个范围之外的事物根本就不会对他产生影响。因此穷人不会因为得不到巨大的财富感到不安，另一方面，富人在没有达成计划的时候也不会因为自己已经拥有的巨大财富而感到宽慰。财富犹如海水，一个人海水喝得越多，他就越感到口渴。这一道理同样适用于名声。在失去了财富或者舒适之后，一旦熬过了最初的痛楚，我们惯常的情绪不会和之前有太大的差异，这是因为在命运缩减了我们的财富之后，我们自己也就相应地缩减了我们的要求。但是在遭遇不幸的时候，这个过程才是真正令人痛苦的事情。当这件事情完成以后，痛苦总是会变淡，最后甚至已经不再能够感受到痛苦，伤口已经结痂。反过来说，在幸运的状况下，我们要求的水泵就会膨胀，要求就会提高，这个过程是快乐的。但是这种快乐不会持久，只能持续到这件事情彻底完成，我们就会习惯这种已经扩张的要求，对相应的财产感到无动于衷。荷马已经在《奥德赛》第 18 章的诗句中表达了这一点，内容如下：

凡人的心绪阴晴不定，

就像为人父的神灵赐予的时日。

　　我们不满的泉源在于我们始终在进行新的尝试，提高我们的要求，而其他阻碍我们的因素却保持不变。

　　人类如此欲壑难平，又不断地产生新的需求，所以财富比其他所有事物都得到更高和更直率的尊重，甚至是崇敬，这也就没有什么可奇怪的了。甚至权力都只是通往财富的手段。即便不是这样，那么为了达到获取财富的目的，所有一切都可以被抛到一边，或者是被完全抛弃，例如哲学教授就会为此而放弃哲学。因为人类的愿望主要基于金钱，热爱金钱胜过一切——这一点经常受到人们的指责。但是热爱金钱是非常自然的事情，甚至可以说是不可避免的，金钱就是永不疲倦的普鲁特斯①，时时刻刻都做好准备，变成可以满足我们那变幻多端的愿望和多种多样的需求的对象。任何其他的财产都只能满足一个愿望、一种需求。饮食只能令饥饿者满足，美酒只能令健康者满足，药物只能令病人满足，皮裘只能在冬天令人满足，女人只能令青年人满足，诸如此类。因此这些东西只不过是"特定的货物"，其好处是相对的。只有金钱具有绝对的好处。因为

----

① 普鲁特斯：希腊神话中变幻无常的海神。

它不仅仅满足了某种具体的需求，而且也满足了普遍的抽象需求。我们应当把现有的财富视为抵抗许多可能的灾祸或不幸的保护墙，而不是允许或任由我们在世界上寻欢作乐的许可证书或者是义务证明。家里没有财产、却最终通过某种形式的才能赚到许多钱的人几乎总会陷入一种错觉，也就是他的才能是一种恒久的资本，他所赚取的金钱只是它的利息。这样一来，他就不会把挣来的一部分钱存储起来，作为一项持久的资本，而是把自己挣来的钱全部挥霍掉。但之后他们大多数人会再次陷入贫困，因为他们挣钱的渠道会堵塞或者是停滞，要么就是因为他们的才能耗尽了，例如几乎所有从事优美艺术的天才都转瞬即逝；要么就是因为他们仅仅是在某种特殊的环境和发展趋势之下才能够挣到钱，而这种环境和发展趋势不复存在了。无论如何，手工业者却可以按照这样的方式花钱，因为他们赚钱的技能不会轻易丧失，也不会被帮工取代，而且他们制造的对象正是在所有时代都能够找到销路的东西，所以这句谚语"一门手艺就是一个金饭碗"是正确的。但是各种类型的艺术家和"艺人"却不一样。正因如此，他们获得丰厚的报酬；也正因如此，他们挣的钱应该成为他们的资本，但是他们却错误地把这些钱仅仅当作利息，因此而走向沦落。与之相反，继承了一笔遗产的人们至少很快就能够正确地意识到，什么是资本，什么是利息。大部分人会因此而尽力维持财产，绝对不去挥霍，如果可能的话，至少把八分之一的利息存起来，用以应对未来的困境。这些人大部分都过得很富足。对商人来说，所有的这些评论全部都不适用。因为对他们来说，金钱本身就是继续赚钱的工具，就像手工业者的工具一样，所以尽管这些钱全都是他们自己挣来的，他们也需要利用好这些钱，用以维持和增加财富。因此没有任何一个阶层比他们更懂得保管财富。

但是普遍来讲，我们会发现，那些经历过真正的困厄和匮乏的人们对贫困的惧怕更少，比那些仅仅听说过贫困的人们更倾向于挥霍。第一类人包括所有因为好运或是某种特别的才能相当迅速地从贫困到达宽裕状态的人们，另一类人正相反，他们生下来就处于宽裕的状态，并且始终处于宽裕的状态。后者这些人的出身更好，因此也比第一类人更讲究经济。我们可以由此得出结论：贫困并不像我们远远望过去的时候那么糟糕。尽管真正的原因可能是，那些出身富裕家庭的人已经把财富视为了必不可少的东西，视为了唯一使生活有可能继续的元素，就像空气一样。因此他们守护财富就像守护生命，结果就是他们中间的大多数都热爱秩序、小心谨慎、勤俭节约。相反，出身贫困的人却将贫困看作自然的状态，反而将无论通过何种方式降临的财富视为某种多余的东西，仅仅可以用来享乐和挥霍，当他们把钱花完时，他们就会像之前那样生活下去，而且还摆脱了忧虑。就像莎士比亚曾经说得那样：

乞丐只要骑上了坐骑，

就会把马跑到累死。

——《亨利五世》

　　当然，这样的人对自己的命运和自己的手段都抱有着过于坚定、过于强大的信心，因为他们的命运和手段的确帮助他们脱离了穷困，但是这种信心更多的是在心里，而不是在头脑里，因此并不深刻，他们也不像那些出身富裕舒适家庭的人们一样，把贫困视为无底深渊，而是觉得只要踏上几脚，就可以重回巅峰。这一人类特性也可以解释，为什么贫困的少女在结婚以后通常比那些带来丰厚嫁妆的女子更挑剔、更挥霍，因为大部分富有的女子带来的不仅仅是财产，还有比贫困的女子更多的维持继承下来的产业的热忱。但是如果谁对此持相反意见，那么他也可以在阿里奥斯托的第一篇讽刺文中找到权威的支持。与之相反，约翰逊博士① 赞同我的观点。一个富有的女子习惯掌管钱财，会小心翼翼地花钱；但一个结婚后才第一次支配金钱的女子则会挥金如土（S. 博斯威尔，《约翰逊的一生》，1776 年出版）。无论如何，我都建议那些与贫穷女子结婚的人们，不要让她继承本金，而是仅仅继承一份年金，尤其是不要让孩子的财产落到她的手里。

---

① 约翰逊博士（1709—1784）：英国诗人、评论家、传记家、散文家和词典编纂者。

我相信，我在这里提醒大家注意保持自己挣到的和继承到的财产并不是浪费笔墨。因为如果家里拥有足够多的财产——哪怕只够他本人享用，而不包含家庭——那么这样的人就拥有了真正的独立性，就是说不需要工作也可以舒适地生活，这是一项难以估量的优势。因为他免除了与人类生活相伴的需求与苦役，从普遍的劳役中解放出来了，而这劳役就是尘世之子符合自然的命运。只有在命运如此有利的情况下，人们一生下来就是真正的自由人。因为只有这样，人们才真正地变成"自己的审判者"，是自己的时间和自己的力量的主宰，可以在每天早晨说："这一天属于我。"也正是因此，一个拥有一千塔勒年金的人和一个拥有十万塔勒年金的人之间的差距远远小于一个拥有一千塔勒①年金的人和一个一无所有的人之间的差距。遗产如果落到了一个具有强大精神力量的人的身上，而他并不致力于追逐金钱，那么这笔财产就发挥了它的最高价值。因为现在这个人受到了命运的双重馈赠，他现在可以为自己的天才而生活了，而他又能够千百倍地偿还他对其他人的债务，因为他创造出其他人都无法创造的东西，发明某种对大众有益的事物，同时也增进了自己的名声。另一个人在这样的优越条件下也可以对慈善事业做出贡献。但如果一个人没有做出上述事项中的任何一项——哪怕只是尝试着做一点，甚至没有彻底地学习任何一门科学——哪怕是

---

① 塔勒：19 世纪时的德国货币，后于 1871 年后被马克取代。

推动这门科学有可能的发展，那么，这样的人在继承了遗产以后，就只不过是一个可耻的游手好闲者。他也不会感到幸福。因为免于苦厄会将他推向人类苦难的另一个极点，也就是推进无聊的手中，无聊折磨着他，他反而会觉得在苦厄中忙碌更加幸福。正是这种无聊轻易地把他引向了穷奢极欲，这样他就失去了他配不上的优势地位。的确，无数人因此而陷入匮乏，这都是因为他们有钱的时候就挥金如土，只是为了缓解片刻无聊对他们的压迫。

但是现在，如果我们的目标是在国家公职的领域达到高位，那么事情就不一样了，因为我们必须赢得恩惠、朋友和关系，才能够借助这些东西一级一级地往上爬，也许能够一直成功地爬到最高的位置。也就是说，在这件事上，从本质上来讲，出生的时候一文不名才是最好的。尤其是这个人并不高贵，却具有才能，如果他完全是个可怜的穷鬼，那么这就是他真正的优势和推荐信。因为即便是在闲谈中，每个人最关注和最喜爱的也是别人不如自己的地方，在公职领域尤其如此。只有一个穷鬼才能确信自己完全、彻底、在所有方面都绝对地不如别人，完全微不足道、没有价值，这也正是这个领域所需要的。现在只有他才会不断地鞠躬，弯腰深至九十度角，只有他才会对这一切坐视不管，报以微笑，只有他才会认识到自己的奉献完全是没有价值的，只有他才会公开赞美拙劣的公文是杰作，无论是高声赞美还是以大字打印出来。那些作者不是地位在他之上，就是非常具有影响力，只有他才懂得摇尾乞怜。这样一来，只有他才会在青年时期就拥护歌德在这些诗句里为我们揭示出来的隐蔽真理：

> 关于卑鄙下流，
>
> 没有人可以抱怨，
>
> 因为那才是权力。
>
> 人们也这样告诉你。

——《西东诗集》

与之相反，出身宽裕家庭的人大部分都会表现出某种不羁。他习惯了昂首挺胸地走路，并没有学过上面所有的艺术，尽管他们也许拥有某种才能，而且他们应该能够意识到这种才能胜过了"庸俗与拍马"，但是最后他们还是会注意到他们的上级不如自己。如果在此之外还有令人愤慨的事件发生，他们就会变得沉默或者是畏惧。这不是人们讨好这个世界的方法。他们最终更应该赞同勇敢的伏尔泰所说的话："我们只有短暂的生命，没有必要花时间在卑鄙的恶棍脚下爬行。"顺带一提，很可惜，"卑鄙的恶棍"这个词适用于这个世界上的许多人。我们也可以看到，尤维纳利斯①说道：

---

① 尤维纳利斯（约60—约140）：古罗马最后也是最有影响的一位讽刺诗人。

这并不容易，

要昂首挺胸，

在狭窄的房间里。

这更适用于艺人而不是大部分世俗之人的生涯。

在"人所拥有的财产"这一章里，我没有算上妻子和子女，因为更确切的说法是妻子和子女拥有这个人。朋友更应该被列入其中。但是在这个方面，拥有者在一定程度上也被别人所拥有。

第四章
人所展现的表象

我们的存在给别人留下的观感通常会被我们过分看重，这源于我们天性中一个特殊的弱点。尽管稍微做一下思考，我们就可以得知，它本身对我们的幸福来说无关本质。因此，很难解释为什么每个人都经常因为注意到别人给予他好的评价而发自内心地感到高兴，以某种方式觉得虚荣心得到了满足。就像人们抚摸一只猫，它就会难以避免地绷紧身体一样，一个人在听到了期望范围内的赞扬的时候，也会在脸上流露出甜蜜的陶醉之情，即便这种赞扬明显是谎言。在面对现实的不幸，或是前面我们讨论过的幸福的两个主要源泉走向枯竭的时候，他还是会因为他人的称赞而感到安慰。反过来说，令人惊讶的是，无论他们的野心受到何种意义上、何种程度上、何种形式上的挫折，无论他们受到了什么样的轻视、挫败、蔑视，他都会无可避免地感到困扰，经常会感受到深切的伤害。只要荣誉感建立在这个特质之上，它就能够作为道德的替代品，卓有成效地引导人们做出许多善行。但是对人类自身的幸福来说，这种荣誉感首先会带来本质性的不安，使人丧失独立性，它的扰乱作用多于促进作用。因此，从我们的视角出发，我建议为这一特质设下限制，对它所能带来的好处的价值进行恰当的思考和正确的评价，尽量把我们面对他人观点的敏感度保持在合理的范围内，无论我们是受到了谄媚，还是得到了伤害。因为这二者悬挂在同一根线上。否则，人们就始终是他人观点和他人意见的奴隶：

> 无论快乐，还是不快，对一个渴望赞美的人说出的话，其实并不重要。
>
> ——贺拉斯《书札》

因此，正确评估我们自己内心里拥有的事物的价值比起仅仅评估我们在他人眼里的价值更能够给我们的幸福带来助益。第一件事项包括我们在存在时间里的全部内容，它的内在形态，还有我们在"人的自身"和"人所拥有的财产"这两个标题下所讨论的所有好处。因为这一切发挥作用的领域正是我们自己的意识。与之相反，我们在他人眼里的样子产生作用的领域却是他人的意识。它是某种映照我们的设想，附带着某种概念性的事物[1]。所以，他人的意见对我们来说根本就不直接存在，而仅仅是间接的——只要他人的意见还没有支配我们。实际上，只有当他人意见的影响力让我们自

---

[1] 在最高的阶级中，他们的华丽、铺张、精美和任何一种形式的象征都可以证明：我们的幸福完全存在于我们之外，它存在于他人的脑海之中。——作者原注

己进行了某种调整的时候，我们才需要考虑它。此外，的确，在他人意识里发生的事情对我们来说无关紧要，如果我们充分了解到大部分人头脑里都是狭隘的概念、琐碎的思想、扭曲的观点和大量的谬误，那么我们也会渐渐觉得它是无关紧要的。我们也可以通过自身的经历学到，只要一个人不惧怕或者不相信自己对某人的评价会传到那个人的耳朵里，那么他就会不时地以轻蔑的方式评价别人。尤其是如果我们听一听五六个愚蠢的人是怎样责备一位伟人的。我们可以借此看清，如果谁很在意他人的观点，那么他就太给他们面子了。

无论如何，这是一个可悲的幸福来源，如果一个人不在我们之前讨论过的自身个性或财产中寻找自己的幸福，而是一定要在这三类好处里寻找幸福，那么，他就不是真的从自己身上寻找幸福，而是从他人的观念中寻找幸福。因为我们本质的基础，也就是我们幸福的基础，归根结底是我们的动物天性。因此，对我们的幸福而言，健康是至关重要的，然后就是维持我们生活的方式，也就是拥有一份不需要加以忧虑的收入。名声、辉煌、等级、荣誉，尽管有些人非常看重，但它们却无法与本质性的好处相比，也不能够替代它们。不如说，在情况需要的时候，我们应该不假思索地抛弃它们。因为如果我们认识到一个简单的道理，就会给我们的幸福带来许多助益：我们每个人首先真正地生活在自己的皮囊之下，而不是生活在他人的观点里。因此我们的现实状况与个人状况受到我们的健康、脾性、能力、收入、女人、孩子、朋友、住所等因素的限定，这些东西对我们的幸福来说比起他人的观点要重要千百倍。与之相反，错误的妄念却只会使人不幸。如果有人高呼"名声胜过生命"，那么他实际上就是在说："存在和舒适微不足道，别人的观点才是重要的。"无论如何，这种说法都太过夸张了，它依据的是一个平平无奇的真理：要在这个世界上前进和站稳脚跟，名声——他人对我们的看法——是绝对必需的。这一点我会在后续部分进行讨论。如果我们从相反的角度来看，人类终其一生通过不懈的努力，历经千辛万苦，想要达到的一切几乎就是提升别人对我们的看法，也就是说，不仅仅追逐官职、头衔和秩序，而且也追求财富、甚至是科学和艺术，其首要目的都是获取别人对自己更大的敬意。那么很可惜，这只能够证明人类是多么的愚蠢。过于在意他人的观点是一个普遍存在的重大错误。也许这个错误植根于我们的天性，或者这是社会与文明发展的后果。无论如何，它对我们的所有行为和决定都产生了不可估量的影响，对我们的幸福产生了种种致命的影响，从像奴隶一样惊恐地顾忌"别人会怎么说呢"，直到维吉尼斯[①]用匕首刺穿女儿的心脏，还有一些人为了身后的荣誉，不顾安宁、财富和健康，是的，他们甚至会牺牲生命。无论如何，这一妄想给那些统治者或者掌控着其他人的人们提供了一个便利的手段，因为

---

① 维吉尼斯：古罗马百人队队长，为了保护女儿的贞洁而将女儿杀死。

任何对人进行培训的指南都一致认为，维持和增强荣誉感是首要的事务。但是从人类自身幸福的视角来看，也就是从我们这里的视角来看，这件事情就完全不一样了，我们更多要做的是注意不要太看重别人对自己的看法。但是就像日常经验教给我们的那样，大多数人还是会赋予他人的看法最高的价值，因此更多地活在他人的看法里，而不是自己的意识里，不是活在与自己直接相关的事物里。这样一来，自然的秩序就被颠倒了，真实的东西对他们来说仅仅是它们生活中理念的部分，也就是说，他们把仅仅是附属的、次要的事务当成了主要的事务，他们只在乎自己的本质在他人脑海中的形象，而不是自己的本质在自己心里的样子。这种直接尊崇对我们来说根本就不直接存在的愚蠢东西被称为 vanitas——虚荣，被视为是在追求空虚和缥缈的事物。从这段论述，我们也可以轻易地看出来，这种行为就是为了手段而忘记了目的，就像贪婪一样。

　　事实上，我们对他人看法的过度重视以及我们对此产生的持续的忧虑，通常来说几乎已经超过了理性的程度，我们可以将此视为一种普遍流行或者不如说与生俱来的狂热。在所有我们要做和要决定的事情上，我们几乎首先考虑的都是他人的观点，如果我们仔细考察一番，会发现这种顾虑衍生出了我们所感受到的几乎大半的忧愁与恐惧。因为它彻底压倒了我们的一切——我们那受伤的、经常敏感到病态的自尊心，我们所有的虚荣和排场，我们所有的奢侈与伟大。如果没有这种对他人看法的顾虑和指望，那么奢侈品的价格就会只剩下原有的十分之一。任何形式的骄傲、荣誉和傲慢，尽管类别和领域不尽相同，但是都基于这种顾虑。它索求了多少牺牲品啊！还是孩子的时候，它就在我们的身上显露，然后在任何一个年龄段继续显现，尤其在晚年显得更为强烈，因为到了那个时候，感官的享乐能力已经衰退，只有虚荣和高傲还能够瓜分悭吝的统治权。这在法国人身上表现得最为明显，因为这非常具有地方色彩，经常会演变成夸张的野心、可笑的民族虚荣心和恬不知耻的夸夸其谈。而他们的努力反而会使自己丢脸，成为其他民族所耻笑的对象，使得"伟大的民族"成为一个绰号。现在关于这种特别关注他人观点的反常行为，我还要进行一点特别的阐释，在这里，环境和相匹配的任务轻易地结合在一起，非常具有说服力，是一个说明植根于人类天性的愚蠢的绝佳例证，它使得这种非常奇特的行为动机的强度可以被测量。下面这段话摘自1846年3月31日《泰晤士报》关于对托马斯·维克斯执行死刑的新鲜出炉的详细报道，这个手工学徒为了复仇，杀死了自己的师父：

在执行处决的那天早晨，德高望重的监狱牧师及时地来到了他的身边。但维克斯尽管保持了平静，却对牧师的告诫无动于衷。不如说，他一心想要在那些旁观他可耻的结局的观众面前表现出真正伟大的勇气。最后他也成功地做到了这一点。

他走向庭院，坚决地迈向了在监狱里搭建起来的断头台，在这时说道："那么，好吧，正如多德博士所说的，我很快就要知道一个伟大的秘密了！"他走了过去，尽管手臂被捆绑着，还是在没有经过任何帮助的情况下登上了断头台的梯子，向左右鞠躬，聚集在下面的人群对此举立即报以雷鸣般的赞许声。

这是一个关于荣誉感的绝佳案例，死亡已经以可怖的形态出现，背后就是永恒，但眼下已经没有别的顾虑，只关心对聚集起来的乌合之众留下的印象，还有他们之后的看法！同年在法国，一位伯爵因为试图刺杀国王被判处死刑，在审讯的过程中，主要令他心烦的事情是不能穿着体面地出现在巴黎法院里，甚至在处刑的时候，他主要的烦恼也是人们不允许他在处刑之前刮胡子。这在过去也是一样的，我们也可以看到，马迪奥·阿莱曼 ① 在他著名的小说《古斯曼·德·阿尔法拉切》的引言里提到，许多迷惘的罪犯都想要把最后应该全部用于安慰自己的灵魂的时间用在撰写一篇简短的演讲词上面，他们打算在绞刑架上阅读或者是背诵这篇演讲词。这样的例子甚至也反映出了我们自己的想法。因为极端的案例往往最能清楚地阐明事实。我们所有的顾虑、忧愁、劳碌、气恼、恐惧和努力也许的确在大多数情况下都和他人的意见有关，这就像那些可

① 马迪奥·阿莱曼（1547—约 1614）：西班牙小说家。

怜的罪人的做法一样荒谬。我们的嫉妒和憎恨大部分也来自于上述的这一根源。

显然，为了我们主要建立在平和心绪和满足心态之上的幸福，我们所能做出的最大的贡献就是把这种动机限制和降低在符合理性的范围内，也许只不过是现在的五十分之一。这样，就可以把这根持续作痛的刺从我们的肉身里拔出来。但是这也很困难。因为我们是在做某种有违与生俱来的天性的事情。塔西佗[①]说："名声是智者最后要放弃的东西（《历史》第4卷）。"为了摆脱这种普遍的愚蠢，只有一种方法，就是清清楚楚地认识它，而且为了达到这个目的，我们也要明白，人们头脑里产生的大多数想法都是完全虚假、扭曲、错误和荒谬的，因此它们本身并不值得注意。此外，在大多数场合和情况下，他人的观点对我们产生的实际影响非常小。而且，这些观点大部分都没有什么用处，如果听到了所有关于自己的话语和说这些话的语气，几乎每个人都会为之感到气恼。最后，甚至名声本身其实也只是间接的价值，而不是直接的价值，当我们从这种普遍的愚蠢中清醒过来以后，结果就是我们心绪的安宁与愉快得到了难以置信的巨大增长，我们的举止也会变得更加坚定和自信，更加无拘无束和自然而然。退隐的生活方式对我们心绪的安宁之所以能够带来巨大的良好影响，很大

---

① 塔西佗（约55—约120）：古罗马历史学家，是著名的"塔西佗陷阱"提出者，代表作《历史》。

的一部分原因就在于这样就不用持续生活在他人的目光之下，不用始终顾虑他们这样或者那样的观点，因此我们就可以回归自我。同样，我们也会免于许多现实中的不幸，因为那种对于纯理念的追求、那种真正无可救药的愚蠢会将我们牵扯进不幸，我们也会更关注其他实在的好处，然后不受干扰地享受它们。但是，就像人们说的那样，"人们总是把事情搞砸"。

我们这里所描述的天性中的愚蠢实际上有三种分支——野心、虚荣和骄傲。后两者的区别在于，骄傲建立在已经确信了自己拥有某种强大的价值的基础之上，无论是何种形式的价值。与之相反，虚荣则是希望在他人心中唤醒这样的确信，大多数情况下还伴随着一种静默无声的希望，也就是希望将这种他人的确信变成自己的确信。因此骄傲是由内而外的，结果就是直接的自我尊崇，虚荣则是由外而内的追求，也就是间接地达到目的。因此虚荣使人健谈，骄傲则使人沉默。但是虚荣者应该知道，通过沉默可以比通过言语更轻易、更稳妥地获得他所追求的他人的高度评价，即便他所谈论的是最为美妙的东西。骄傲不是能够假装出来的，这样最多只能表现出骄傲的情绪，但是就像任何进行角色扮演的人一样，很快就会露出真正的面目。因为只有稳固的、内在的、不可动摇的对某种突出优势和特别价值的坚信才能够真正地使人感到骄傲。这种坚信可能是错误的，或者可能仅仅是基于外在的惯性优势，但是这并不会对骄傲造成任何损伤，骄傲的根基在于那种坚信，而这种坚信就像我们所有的认识一样，并不是任性而为的。骄傲最恶劣的敌人——我称之为最大的阻碍，就是虚荣，因为它博取的是他人的赞许，在这之上才能够建立起对自己的高度评价，但对自己非常稳固的高度评价就已经是骄傲的前提了。

　　骄傲普遍受到责备和诋毁，因此我的确怀疑，这些责备主要来自那些自己没有什么可以值得骄傲的人们。面对大多数人的厚颜无耻和愚昧无知，每个拥有某种优势的人都应该紧紧盯着这个优势，以免彻底忘记它。因为如果一个人的脾性非常好，甚至忽视了自己的优点，那么其他人就会搞错，以为他完全是自己的同类，立刻就会对他表现出倾心。但在大多数情况下，我建议这些具有某种最高优势的人们，也就是拥有实际的和纯粹的人格的人们不要像拥有敕令和头衔一样，每时每刻都给人们留下真实可感的记忆。否则的话，他们就经常会举出"他们的密涅瓦"（西塞罗语，"蠢猪反过来教导智慧女神密涅瓦"）这个例子。"和奴隶说笑，很快他就会轻视你。"这是一句杰出的阿拉伯谚语。也不要忘记贺拉斯的话："应有的功勋，你必须接受。"有关谦虚的美德是愚蠢的人的一项重大发明，因为以此为据，每个人谈论自己的时候都要把自己说成一个这样的愚人，这样就完美地把每一个人都拉到了平均水准上，由此得出的结果就是，好像除了愚蠢的人根本就没有其他的人。

　　最廉价的骄傲就是民族自豪感。因为民族自豪感会暴露出一个人缺乏能够让他引以为豪的个性特质，如果不是这样，他也就不会抓住这个他需要与千百万人分享的东西了。如果谁拥有出众的个人优势，谁就会更为清晰地看到自己国家的缺陷，因为他始终都能够清清楚楚地看到这些缺陷。但是每一个在世界上没有任何值得骄傲的东西的可怜蠢货都只能采取最后的方法，也就是为他恰好属于的国家感到骄傲。他在这里得到了补偿，现在满怀感激地准备好用"牙齿和指甲"去捍卫自己国家的全部缺陷和愚蠢。因此，我们在50个英国人里都很难找到一个对自己国家所具有的愚蠢和低劣的偏执抱有应有的蔑视的人。如果有这样的一个人，那么他就很有头脑。德国人完全摆脱了民族自豪感，这为他们值得赞美的诚实提供了一份证明，相反的是，那些以尴尬可笑的方式装作具有民族自豪感的人们却不是这样——这大部分都是德意志兄弟和民主党人的行为，他们谄媚德国人民，是为了误导他们。他们甚至声称，是德国人发明了火药，我可无法认同这种观点。利希滕贝格^①曾经问道："为什么没有多少想要吹嘘的人冒充德国人，而是都冒充法国人或者英国人？"此外，个性比国家的特性重要得多，一个人身上的个性比国家的特性要值得多千百倍的重视。因为国家的特性所涉及的是大众，因此坦率地说，国家的特性没有什么可称赞的优点。不如说，每个国家都以不同的形式展现出了人性的局限、扭曲和恶劣，这种东西

---

① 利希滕贝格（1742—1799）：德国物理学家兼讽刺作家，以其嘲笑形
  而上学和浪漫主义的过火论点而知名。

被我们称之为国民性格。我们厌恶了一种国民性格，就称赞另一种，直到我们也同样厌恶了它。每个国家都嘲笑另一个国家，每个国家说的都有道理。

我们这一章的主题，也就是我们在这个世界中呈现的样子，亦即我们在他人眼中的样子，正如上面所说的，可以分为名声、地位和荣誉。

在广大群众和"菲利斯特人"的眼里，地位非常重要，因为它可以在国家机器的运转中发挥重大作用，但对于我们追求幸福的目的只需寥寥数语就可以说清。这是一种传统的价值，也就是说，这实际上只是一种虚拟的价值。它的作用只是产生了一种虚拟的尊崇，这一切都是为大众准备的一场喜剧。勋章就是汇票，它与公众舆论挂钩。它的价值基于签发者的信用。它除了作为金钱报酬的替代品，为国家节省大量财政开支，还具有一种目的非常明确的实用价值——前提是勋章的颁发需要在谨慎和公正的条件下进行。因为广大群众有眼睛和耳朵，但是除此以外就什么也没有了，他们尤其缺乏判断力，甚至也没有多少记性。有些贡献完全超出了他们的理解范围，还有一些贡献会立刻就得到理解，赢得喝彩，但是很快就会被忘记。因此我认为，通过十字勋章或者是星形勋章在每时每刻向大众喊道："这个人和你们不一样，他做出了贡献！"是一种非常恰当的行为。但是不公正、不恰当或者缺乏判断力地颁发勋章却会使勋章失去价值。因此，荣誉的颁发必须非常谨慎，就像商人在汇票上签字一样。

十字勋章上的铭文 Pour le mérite（意为奖励功绩）是一句多余的话：任何勋章都应该是奖励功绩的。

讨论名声要比讨论地位困难得多，所牵扯的问题也广泛得多。首先，我们必须给名声下一个定义。如果我说：名声是外在的良心，良心是内在的名声。那么也许有些人会觉得满意，但这只是一个华丽的说法，并不是一个透彻且根本的解释。因此我认为，从客观上讲，名声是他人对我们价值的看法；从主观上讲，名声是我们对这种看法的畏惧。由于后一个特点，它经常会给看重名声的人带来非常有利的影响，即便绝对不是纯道德方面的影响。

一个没有彻底堕落的人总是会怀有荣誉感和耻辱感，会将荣誉当作最高的价值，当作首要的事务。名誉感和羞耻感的根源如下：人类独自一人能够完成的事情很少，他只不过是一个被抛弃的鲁滨孙。只有在与他人组成的共同体中，他才能够完成许多事情。当他的意识开始了解这一点的时候，他就会意识到这种关系，立刻就会开始追求成为人类社会里有用的一员，也就是说，作为一个"履行自己的人类职责"①的人发挥作用，由此拥有权利，分享人类社会的优势。要达到这个目的，他首先要做出每个人普遍都应该做到的事情，然后接受别人给他安排的特殊职位，满足别人的要求和期望。但是他很快就会认识到，问题不在于他自身如何，而是他在他人眼

① 原文为拉丁语，由于历史文化因素，原文中的"人类"特指男性。

里的形象如何。由此引发了他对他人有利看法的热切追求，还有他对这种看法的高度珍视。这两者的起源都是人类与生俱来的荣誉感，根据环境不同会被称为"荣誉感"或者"耻辱感"。当一个人认为他会突然失去他人的支持的时候，尽管他清楚自己毫无罪过，尽管他只是犯下了一种相对的、可以忽视的、尚未被发现的错误，他的双颊也会因此而变得通红。而另一方面，没有什么比得到了或者确信了他人的有利评价更能够增加一个人生命中的勇气了，因为这些评价向他承诺了所有人联合在一起的保护和帮助的力量，这是一道针对生活之恶的无比坚固的保护墙，比他自己的保护墙还要更为坚固。

从这个角度来看，从一个人与其他人不同的关系中可以衍生出信任，也就是得到一定的良好评价，产生各种各样的名声。这种关系首先就是你与我之间的个人关系，然后就是履行承诺的关系，最终是性关系，与之相匹配的是市民的名声、官员的名声和两性方面的名声，每一种名声都可以继续细分。

范围最广的就是市民的名声。它的前提是，我们无条件地尊重每个人的权利，因此我们绝对不能够用不公正或者不合法的手段为自己的利益服务。这是一切和睦交往的条件。如果我们做出了一件明显或者强烈违背规则的事情，那么名声就会丧失，结果就是对相应犯罪的惩罚，前提也是必须公正。但无论如何，荣誉最根本的根基是确信道德人格是恒久不变的，只要有一次恶劣的行为，就意味着一旦出现类似的情况，接下来的所有事情都具有类似的道德特点，英语中的 character（性格）这个表达也证明了这一点，它也指名誉、名声。因此失去的名声无法重建，除非失去名声是因为某种误会，比如诽谤或者某种假象。因此才有针对诽谤、污蔑和侮辱的法律，因为侮辱仅仅是咒骂，是概括的诽谤，是没有根据的陈述。有一句希腊语很好地表达了这一点："侮辱就是随意的诽谤。"也就是说，侮辱并没有实质的来源。当然，谩骂者已经明确地表示了自己拿不出针对别人的实质性证据，否则的话，他会将这些东西作为前提，安心地让听众自己得出对方是否有罪的结论。但是他略过了前提，直接给出了结论，还装作这么做只是为了简洁。尽管市民的名声本意上是市民阶级的名声，但是它适用于所有的阶级，无一例外，就连最高的阶级也不能幸免。任何人都不能放弃它，或者是不把它当作一件严肃的事情加以对待，每个人都应该保护它不要被轻易夺走。如果谁破坏了忠诚和信任，谁也就失去了忠诚和信任，永远都是如此，无论他是做什么的，无论他是什么人，他都难免要品尝这项损失所带来的苦果。

在某种意义上，名声是一种消极的特性，也就是说，与荣誉正相反，荣誉是一种积极的特性。因为名声并不是意味着人们认为只有这个主体具有某种特性，而是只说明他并不欠缺一般来说每个人都应当具有的品质。名声只能够表明，这个主体不是一个例外，而荣誉却表明，他是一个例外。荣誉必须要经过争取，名声则只需要确保不要丢失。缺少荣誉只不过是默默无闻，是蒙受一种消极的影响；而缺少名声却意味耻辱，是蒙受一种积极的影响。这里所说的消极不可以和被动混淆。不如说，名声具有一种非常主动的特性。也就是说，它仅仅从主体本身出发，建立在它的行为和决定的基础之上，而不是建立在他人做了什么和他经历了什么的基础之上，因此它是"我们的事情"。我们很快就会看出来，这一点正是真正的名声与骑士的名声，或者说表演出来的名声的区分标志。只有通过诽谤，才能够从外部对名声进行攻击，而唯一的对抗方式就是公开这种诽谤，在合适的公众面前揭开诽谤者的假面具。

对老年人的尊重似乎基于一个事实，也就是年轻人尽管拥有名声，但是还没有饱经考验，因此他们的名声实际上只不过是一种信用。但是老年人的一生已经证明，他们是否在变迁的过程中依然保有名声。年龄和经验都无法成为各地对年轻人要求的对老年人保持足够敬意的基础。因为就年龄而言，实际上有很多动物的年龄都比人类长。经验，也只是对世界的运行更具有了解而已。高龄带来的衰弱需要的更多是保护而不是尊敬。但奇怪的是，人类对白发老者有一种天生的敬意，这的确是发自本能的。皱纹是老年的显著标志，但绝对不会激起这种敬意。从来没有人谈起过令人尊敬的皱纹，但人们总是在谈论令人尊敬的白发。

名声的价值只是间接的。因为正如这一章开头的时候所探讨的那样，只有当他人的观点决定了我们的行为，或者是当有时候能够决定我们的行为的时候，它们对我们来说才具有价值。但是，只要我们生活在人类中间，我们就会遇到这种情况。因为既然我们已经进入了文明状态，我们的安全和财产就都要归功于社会，我们做所有事情也都需要其他人，需要他们信任我们，进而接纳我们。因此，他们对我们的看法对我们来说具有很高的价值，即便这永远只是一种间接的价值——我不承认它具有直接的价值。西赛罗的说法与我这里的说法不谋而合，他说："克里斯波斯[①]和第欧根尼谈论好名声的时候说，它很有用，但除了这些用处，我们不值得花费力气去获取它。我完全赞同这一点。"（《论至善》第3卷）与之类似的是，爱尔维修[②]在长篇巨著《论精神》中也得出结论："我们对别人敬意的喜爱并非因为它本身，而是因为它给我们带来的好处。"既然手段不可能比目的更有价值，那么"名声高于生命"的宣传语就正如我们说过的那样，是一种夸张的说法。

关于市民的名声就谈论到此。官员的名声就是人们普遍认为一个担任某种职位的人真的具有所需要的那种特质，在任何情况下都能够及时地完成他的公职使命。这个人在国家中的影响力越大，也就是说他的地位越高，越具有影响力，那么人们对他所要求的智力能力和道德品质也就越高。因此他的名声越高，就越有头衔、勋章

---

① 克里斯波斯（前280—前207）：古希腊哲学家，斯多葛派的集大成者。
② 爱尔维修（1715—1771）：法国启蒙思想家、哲学家。

来佐证这一点，其他人对他也会表现得越加臣服。根据这个标准，等级也决定了名声的特定级别，尽管大众在判断等级的重要性方面的能力还有待提高。但人们总是认为，拥有特别的职责而且能够履行这些职责的人们比普通的市民拥有更多的名声，而市民的名声主要是基于消极的特质。

在此之外，官员的名声还要求担任官职的人因为他的同僚和继任者的原因对官职本身保持尊敬，他也正是通过及时地履行自己的职责做到这一点的，而且他不可以对针对官职本身和他本人处理的事情的攻击表现得无动于衷，也就是针对他没有及时地履行职责的指责，或者是关于他的官职对于普遍的福利毫无作用的论调，他应该通过法律层面的惩罚证明这些攻击是不公正的。

拥有官职名声的人们还包括那些国家公职人员，例如医生、律师、每个公立学校的教师，甚至是每个公立学校的毕业生。简而言之，就是那些得到了官方承认，被宣布有资格做出某种特定的精神贡献，而自己也正因此而投身这种事业的人们。即所有从事公众事业的人们都拥有这种名声。因此，真正的军人的名声，也属于这种名声。这基于一点，也就是如果谁热衷于保卫共同的祖国，也具备了必须的特质，那么就意味着他首先真正地具有胆量、英勇和力量，誓死捍卫自己的祖国，不会为了世界上的任何事物抛弃自己已经宣誓效忠的国旗。比起通常的用法，我在这里采用了官员的名声的广义用法，官职本身就意味着市民心里对这种名声所抱有的敬意了。

性方面的名声在我看来需要更仔细的观察，需要回溯它的本质和根基，而这也将同时证明所有的名声最终都基于对效用的考虑。性方面的名声根据本质，可以分为女性的名声和男性的名声，从两方都可以完全把它理解为"团队精神"。女性的名声是最首要和最具有广泛重要性的事情。因为在女人的一生中，性关系是首要的事务。因此女性的名声就是人们的普遍看法，一个女孩不应该献身给任何男人，一个女人只应该献身给自己的丈夫。这个观点的重要性依据如下：女性对男性要求和期待她们所希望和所需要的东西，男性则首先从女性那里直接索要仅仅一件事情。因此这种安排必定是男性可以在女性那里满足自己唯一的要求，但是必须关照其他的一切事务，包括这段关系带来的子女。整个女性群体的福祉都基于这一安排。为了实施这种安排，女性必须共同表现出某种"团队精神"。但是这样女性就会形成一个整体，以坚挺的行列对抗作为共同敌人的全体男性，而男性则因为天生拥有身体和精神层面的力量占有了所有尘世间的财富。最终，全体女性的名声准则成了完全摈弃和除丈夫以外的其他男人的性关系。这样每个人都会被迫走进婚姻，这是一种妥协，而女性的生活因此也得到了保障。但是实现这个目的只能通过严格观察上述准则是否得到了完美的实践，因此全体女性都以真正的"团队精神"关注着所有的成员。因此，每一个有过非婚的性关系的女孩都因此而背叛了全体女性，因为她们的福祉会因为这一行为的普遍化而受到破坏，所以这一行为会受到排挤，被打上耻辱的烙印——她会丧失名声。没有一个女人还会和她来往，她们就像躲避一只臭虫一样躲避着她。相同的命运也会降临在一个主动破坏婚姻的女人身上，因为这个男人的妥协没有达成效果，这样的案例会让男性对这样的妥协感到畏惧，而全体女性的解脱都基于这种妥协。但是除此之外，破坏婚姻的女人因为粗暴的打破诺言和欺骗的行为，在失去性名声的同时也失去了市民的名声。因此人们可以以一种宽恕的方式表达，"一个失足少女"，但不会说"一个失足的妻子"。诱奸者可以通过婚姻再次恢复那个少女的名声，但出轨的对象在那个女人离婚以后也无法恢复她的名声。现在，经过了清晰的考量，我们会认识到，女性的名声是一种建立在利益的基础之上的东西，它可以恢复，是非常有益和必要的，也能够带来利益，它的基本原则就是"团队精神"，因此我们可以认识到这种女性的名声的重要性，它具有一种较大的相对价值，但这不是绝对的价值，不会超越人类的生命和生命的目的，因此不值得用生命代价去赎买。所以，我们可能会被卢克蕾提亚[1]和维吉尼斯这种过分紧张的悲惨闹剧吓退。正因如此，《爱米丽雅·伽洛蒂》[2]的结尾如此令人愤慨，导致人们在离开剧院的时候心绪非常沉闷。与之相反，尽管有着性方面的训导，人们还是无法避免地会对《哀格

---

[1] 卢克蕾提亚：为了维护名声而自尽的罗马少女。

[2]《爱米丽雅·伽洛蒂》：德国著名剧作家莱辛创作的戏剧，艾米莉亚被爱慕她的亲王强占，为保护自己的贞洁，她请求父亲将自己杀死。

蒙特》^①中的小克莱尔产生同情心。这种女性的名声准则如果发展到极端，就会像在很多情况下那样，导致因为手段而忘记了目的。因为过度紧张的性训导虚构了一种绝对的价值，而它相比于任何一种其他的名声都仅仅是相对的。是的，我们可以说，它仅仅是一种传统的价值，我们可以在托马修斯^②的著作《论情妇》里看到，几乎在所有的国家和时代，直到路德派改革之前，情人关系都是法律许可并且承认的，而那些女人也依然保持着名声，更不用说在巴比伦的米利塔神庙了（希罗多德《历史》）。无论如何，市民的名声也会导致婚姻的外在形式无法维持，尤其是在天主教国家里，那里不允许离婚。但我的观点是，世界各地的统治者更符合道德的做法是拥有情妇，而不是缔结阶级相差巨大的婚姻，因为这种婚姻的子女在合法继承者去世后就会提出自己的要求。尽管可能性不高，但是这种婚姻有可能会引向内战。此外，这种阶级差异巨大的婚姻是一种对女人和神父的让步——我们应该尽量别被他们牵着鼻子走。另外，我们还要注意到，每个人在自己的国家里都可以自由选择女人成婚，只有一个男人没有这种自然的权利，这个可怜的男人就是国

---

① 《哀格蒙特》：歌德创作的悲剧，背景为 16 世纪尼德兰人们反抗西班牙的斗争史。其中，克莱尔是哀格蒙特伯爵的妻子，为了激发市民们的反抗之心而自杀。

② 托马修斯（1655—1728）：德国启蒙运动时期哲学家、法学家，被称为"德国启蒙运动之父"。

王。他的行为听从他的国家，会根据国家利益／国家的福祉进行选择。但他也是一个男人，也想要遵从一次自己的内心。因此不容忍国王拥有情妇，或者是斥责这种行为，就是一种不公正、不知感恩的小市民行为，只要这位情妇没有对统治施加影响，这件事情就可以理解。从性训导的方面看，这个情妇在一定程度上是一个例外，是一个普遍规则之外的孤例。因为她仅仅献身于一个男人，这个男人爱她，她也爱这个男人，但是他们永远也不可能结婚。归根究底，这种女性名声的准则并不是纯粹自然的产物，事实证明，就是它带来了许多血腥的牺牲，譬如杀婴或者是母亲自杀。无论如何，一个女孩如果在不合法的情况下有了献身的行为，那么她就背叛了自己的性别整体。尽管这种誓约仅仅是一种默认的誓约，没有经过宣誓行为。因此，在一般的情况下，她自己的利益会因此而受到最直接的损害，在这件事情上，她的愚蠢多过她的恶劣。

男性的名声是从女性的名声里衍生出来的，作为对立的"团队精神"，要求每一个加入了这个如此有利的妥协也就是婚姻的男性都注意维持着这一妥协，不要因为自己的放任自流而失去这一合约的坚固性，而男性既然为之倾注了一切，就要确保自己能够独占这个女人。因此男性的名声要求他对自己妻子破坏婚姻的行为感到气愤，至少是通过分居对她进行惩罚。如果他在知情的情况下容忍了这一切，他就会被男性的共同体打上耻辱的烙印，但这种损失并没有女性的名声损失那么严重，而只是一个"轻微的小错误"，因为性关系对男人来说是次要的关系，他还有许多其他更为重要的关系。新时期两个伟大的戏剧作者都曾经将这种男性的名声作为他们的主题，譬如莎士比亚的《奥赛罗》和《冬天的故事》，还有卡尔德隆①的《医生的荣誉》和《秘密的耻辱与秘密的报复》。此外，这种名声只要求惩罚女性，而不惩罚与她通奸的人，对奸夫的惩罚仅仅是一种"过高的需要"。由此就证明了这种名声也同样起源于男人们的"团队精神"。

到目前为止，我所论述过的名声的种类与基本条件普遍适用于所有的民族和时代，尽管女性的名声被证实为会在某些地区和某些时段有所不同。与之相反，有一种名声普遍呈现出完全不同的性质，希腊人和罗马人对此都缺乏概念，中国人、印度人和穆斯林对它也一无所知，至今都是如此。因为它在中世纪才出现，仅仅在基督教的欧洲扎下根来，即便是在这里也只适用于非常少的一批人，也就是上层阶级的社交圈和攀附于他们的社交圈。这就是骑士的名声，或者说"骑士的荣誉"。它的基本条件和我们目前为止讨论的名声完全不同，甚至在某种程度上是相反的，因为我们讨论过的名声需要富有名声的人，这种名声则是要制造富有名声的人。因此我特别列举出这种名声的原则，作为骑士名声的惯例和镜子以供参考。

---

① 卡尔德隆（1600—1681）：西班牙剧作家。

（1）这种名声并不来自他人对我们价值的评价，而是完全来自对这种评价的表达，无论这种表达出来的评价是否真实，更不用说无论它们是否有道理了。因此，尽管他人会因为我们生活中的变化产生对我们的恶劣评价，他们也尽可以蔑视我们，只要没有人站出来大声表达这种评价，名声就完全不会受损。但相反，即便我们强迫所有其他人高度尊重我们的品质和行为（因为这并不取决于他们任意为之的范围），但是只要有任何一个人——可能是最为恶劣和最为愚蠢的人——对我们表达了他的低评价，我们的名声就立刻受到伤害。是的，如果不进行名声的重建，名声就会永远丧失。还有一个多余的证据证明，这种名声绝对不取决于他人的评价，而是仅仅取决于这种评价的表达，这就是：人们可以收回辱骂，在必要的情况下也可以做出道歉，这样就好像一切都没有发生过一样。至于他人的评价是否真的有所改变，又因何而发生了改变，这都无关紧要。人们只需要宣布这种表达无效，然后一切就恢复如初。因此，在这里，人们的目的不是要获得尊敬，而是要强求得到尊敬。

（2）这种男人的名声并不建立在他所做的事情之上，而是建立在他所经受的事情和他所承担的事情之上。根据我们首先探讨的普遍有效的名声的基本条件，名声仅仅取决于他自己说了什么或者是做了什么，而这种骑士的名声则取决于别人说了什么或者是做了什么。它掌握在别人的手中，是的，悬挂在别人的舌尖，如果受到了攻击，就总是随时都有可能丧失，只要被攻击的人没有立刻就采取我们提到过的重建名声的程序，再次夺回名声。但夺回名声却要冒着失去生命、健康、自由、财产与安宁心绪的风险。这表明一个人的行为和决定有可能是最公正的和最高贵的，他的品性有可能是最纯洁的，他的头脑有可能是最卓越的，但他还是会随时失去名声。这个伤害名声法则的人甚至有可能是一个毫无尊严的流浪汉，是一头最愚蠢的畜生，是一个游手好闲的人，一个赌徒，一个负债者。简而言之，就是一个没有价值、每个人都可以忽略的人。甚至在大部分情况下，正是这样的人喜欢这么做，正如塞内加正确的评论所说："一个人越是可鄙和可笑，他的舌头就越是具有攻击性。"（《论智者的坚定》第 11 章）这种人最容易被我们刚刚描述过的那种人激怒，因为相反的人们互相憎恨，也因为看到别人压倒性的优势会激发一文不值的人的心里那种寂静的怒火。因此，歌德说道：

你为什么要抱怨那些敌人？

难道这些人能成为你的朋友？

你的本性，

就是对他们永恒的静默指责？

——《西东诗集》

我们可以看出来，我们所描述的后一种人应该感谢这种名声的原则，这样就能够把那些他们以其他方式都不可企及的人们拉到同一条水平线上。如果这样的一个人有辱骂的行为，也就是说，把恶劣的品性推到了别人的头上，那么在当下，这种辱骂就是一个客观真实、有根有据的判决，是一道具有法律效力的敕令，它甚至在未来也将一直是真实有效的，除非立刻就用流血的方式解决问题。也就是说，如果被侮辱者表现得处变不惊（在所有拥有名声的人的目光之下），那么他真的就是侮辱者（这有可能是个最为卑劣的人）所说的那个样子了。因为他任由（这就是所谓的"隐忍"）这个骂名降临到他的头上。因此那些拥有名声的人会彻底鄙视他，会像躲避害虫一样躲避他，比如高声地公开拒绝他加入他所涉足的所有社交圈，等等。我确信我可以追溯到这种名声的基本条件的根源。从中世纪一直到 15 世纪（参见 C.G. 冯·韦斯特《德国历史》，尤其是《德国刑法》，1845 年出版），在犯罪审讯中并不是由原告方证明对方有罪，而是要由被告方证明自己无罪。这项程序可以是进行一次证明清白的起誓，但需要一位担保人。担保人需要发誓，确保被告不会做出伪证。如果被告没有这样做，或者原告认为担保无效，那么就要进行上帝的审判，这种情况下一般是进行决斗。因为被告现在成了"被谴责的人"，需要洗清自己的罪责。在这里，我们可以看出这种被谴责的概念和整个事情过程的起源。直到今天，那些富有名声的人还在进行类似的事情，只是不再需要起誓了。因此，这里解释了为什么富有名声的人有义务对说谎的指责感到非常气愤，并且进行血腥的复仇。对于日常的谎言，这种情况很罕见。但是这种偏见根深蒂固，尤其是在英格兰。事实上，每个以死亡威胁说谎者的人都必须在自己的一生里从来没有说过谎。也就是说，中世纪的犯罪审讯具有这种更简短的形式，被告只需要回答原告说："你在说谎。"然后就可以立刻开始进行上帝的判决。因此，根据骑士名声的规则，对谎言的斥责必须立刻诉诸武力。关于辱骂，我就说到这里。但甚至还有比辱骂更糟糕也更可怕的事情，我仅仅提一下骑士名声的这个规范就需要请求"富有名声的人"的原谅，因为我知道，仅仅是想到这一点就会使他们毛骨悚然，这是"一桩坏事"，是世界上最大的灾祸，比死亡和诅咒还要糟糕。也就是说，这种"可怕的行为"就是一个人扇了另一个人的耳光，或是对他进行了殴打。这种行为打破了法则，引向了名声的彻底死灭。如果说其他所有对名声的伤害都可以通过流血来愈合，那么这里就需要一次彻底的杀戮才能够得到根本的愈合。

（3）这种名声和一个人是什么还有他自己拥有什么没有关系，和他的道德品质是否坚持不变还有所有类似的学究问题完全没有任何关系。但是当这种名声受到了伤害，或者是从手中流失的时候，那么就只能迅速采取行动，及时、迅速、完美地重建名声，通过一种万能的方法——决斗。但如果伤害名声的人并非出自骑士阶级，不了解骑士名声的法则，或者只是第一次这样行事，那么我们就可以用一种实用的方式应对这次伤害名声的行为。即便他仅仅是在言语上对其进行了伤害，我们也可以采取一种可靠的操作方案。也就是如果当下就处于武装状态，就立刻击倒他，必要的时候也可以在之后再这么做，这样名声就会再次回归。但是在此之外，如果人们担心由此而产生的不愉快，想要避免踏出这一步，或者人们只是不确定破坏法则的人是否应当屈从于骑士的名声，那么也还有一个姑息解决的方式，用以恢复"优势"。也就是说，如果他表现得非常粗暴，人们就可以表现得更为粗暴。如果辱骂已经派不上用场，那么就开始殴打，这就是挽救名声的顶级手段。一耳光会换来一棍子，一棍子会换来一皮鞭，至于皮鞭，只能推荐采取唾脸的绝招。只有当这种方法不再管用的时候，才不得不采取流血的解决方案。这种姑息的方法的根源实际上来自以下的原则。

（4）就像受到辱骂是一种耻辱一样，辱骂别人能够带来名声。例如，假设我的敌人拥有真理、公道和理性，但假若我辱骂他，那么这些东西就不得不打包消失，公道和名声就站在了我的一边，他则暂时失去了他的名声，直到他重建名声为止。而重建名声不是通过公道和理性，而是通过枪弹和刀剑。因此，在涉及这种名声的时候，粗鲁是一项不可取代、百战百胜的特质："还需要什么别的？"一个人即便头脑愚笨、缺乏教养、品行恶劣，但却可以通过粗鲁解决一切问题，立刻使一切合法化。如果在一场讨论中，或者是在一次谈话中，如果某一个人向我们显示出他比我们对所谈论的话题有着更精确的认识，他比我们更热爱真理，他的判断力和理解力更加健全和优越，他表现出来的优越的精神智力使我们相形见绌——那么，我们可以一举消除他的所有优势，以及因为他的优势的缘故我们所暴露出来的劣势和不足。我们甚至可以反过来比这个人变得更优秀——只要我们撒野、动粗就可以达到这一目的。粗野、蛮横比思想交锋更胜一筹，它抹杀了人们的精神智力。因此，如果对手对此听之任之，没有以更粗鲁的方式作出回应，让我们陷入一场"高贵"的竞争，那么我们就一直都是胜利者了，名声就站在我们这边，真理、知识、理解力、精神和幽默都不得不在上帝那粗鲁的战场上打包消失。因此"富有名声的人"只要一听到某个人发表了贬损他的评价，或者只是展现出了更多的理解力，就会立刻奔赴战场，立刻寻找方式准备在决斗中取胜。如果出现了纷争，而他们缺少反对的论据，那么他们就采取粗鲁的方法，这同样能够起到作用，而且操作起来更加容易。这样一来，他们就取得了胜利。我们在这里可以看出来，人们赞誉这种名声的原则可以使社会的基调变得高尚，这也是有道理的。这句格言建立在下文的基础之上，它是整个规范的基本格言和灵魂。

（5）在涉及这种名声的时候，无论人们之间有何差异，人们所能寻求的最高法官都是自己身体的力量，也就是自己的动物性。因为所有的粗鲁行为实际上都是在召唤动物性，它宣布精神力量和道德权利的斗争已经无济于事，只能进行身体力量的搏斗，因此富兰克林①把人类定义为"制造工具的动物"，所以他们带上自己的武器进行决斗，做出一个不可挽回的裁决。众所周知，这句基本格言可以用一个词表达，就是 Faustrecht（拳头正义），这个词类似于 Aberwitz（愚蠢行为）这个表达，具有讽刺意味。因此，骑士的名声应该被称为"拳头的荣誉"。

（6）如果我们继续考虑上面的问题，发现市民的名声在面对我与你之间的关系问题的时候充满顾忌，注重承担义务、履行诺言，那么与之相反，我们这里所考察的这种规范则展现出了最高的自由度。也就是说，只有一句话是不能打破的，那就是有关名声的话语，也就是人们所说的"以名声的名义"。从这里产生了一个假设，也就是每个人都可以打破其他的话语。甚至在必要的情况下，打破有关名声的话语也是可以挽救的，也就是通过决斗这一万能的方法，打败那些坚持说我们以名声发过誓的人们。此外，只有一种债务是必须偿还的，也就是赌债，因此它也得名"名声债"。至于所有其他的债务，人们可以进行欺骗，无论是对犹太人还是对基督徒，这完全不会伤害骑士的名声。

不怀偏见的读者一眼就可以看出，这种奇特、野蛮而又可笑的名声规范并不来自人类天性的本质，也不来自对人际关系的健康

---

① 富兰克林（1706—1790）：美国政治家、科学家。

意图，而是被证明为仅仅适用于一个非常狭窄的圈子，也就是说仅仅存在于欧洲，仅仅从中世纪开始，仅仅在贵族、军人和攀附他们的人之间发挥作用。因为无论是希腊人，还是罗马人，抑或受过高等教育的亚洲民族，从古至今都完全不了解这种名声和它的基本条件。他们都只懂得我最先分析过的那些名声。在他们那里，重要的是一个人的行为和决定，而不是其他人随随便便的评论。他们可能会因为自己说的或者是做的事情毁灭自己的名声，但是绝对不会因为其他人毁灭自己的名声。一个耳光对他们来说就仅仅是一个耳光，一匹马或一头驴子可能会对他们造成更大的伤害。根据不同的情况，他们会被激怒，也很可能当场就进行报复，但是这和名声没有任何关系，人们也绝对不会在笔记本里记下自己所承受的耳光和辱骂，更不用说为了进行过的和还没有进行的报复感到"满足"。这些民族并不比信仰基督教的欧洲人更缺乏勇气和视死如归的胆量。希腊人和罗马人的确也是真正的英雄，但他们不知道"骑士的荣誉"。决斗对他们来说不是高贵之人做的事情，只有可以购买的角斗士、被放逐的奴隶和被判刑的罪犯才会交替与野兽搏斗，互相追逐，娱乐观众。基督教的引入废除了角斗表演。在基督教的时代，取而代之的是上帝的判决，也就是决斗。如果说前者是为了观众的娱乐而残忍牺牲，那么后者就是为了普遍的偏见而残忍牺牲，但是这里牺牲掉的不是罪犯、奴隶和囚徒，而是自由人和贵族。

　　大量保存至今的证据说明古人完全没有这种偏见。例如一位条顿首领向马略[1]挑衅，要求进行二人之间的决斗，这位英雄却回答说："如果他厌倦了生活，他可以上吊自尽。"当然，马略主动提出向这个首领提供一个退了役的角斗士，这样他就可以跟这个角斗士展开一番较量。（《法国史补集》）我们也可以在普鲁塔克[2]的著作（《希腊罗马名人传》）中读到，舰队统帅欧利比亚德在与德谟斯托克利斯争论的时候举起了棍子，想要打他，但是对方没有抽出匕首，而只是说："你打我吧，但你要听我把话说完。"当"富有荣誉的人"读到雅典的士官军团并没有立刻宣称不再为德谟斯托克利斯效力的消息的时候，他们该有多么失望啊！因此，一位当代法国作家说得很正确："如果竟然有人说，德谟斯芬尼是个执着于骑士荣誉的人，人们只能给予同情的一笑；同样，西塞罗也不是执着于这种荣誉的人。"（C.杜朗《文学之夜》，1828年出版，第2卷）同样的是，柏拉图的著作（《法律篇》第9章）里有一段讨论，也就是"虐待"的文章也补充道，古人对骑士名声之类的事情一无所知。苏格拉底经常讨论这个问题，因为他经常受到千真万确的虐待，却听之任之。有一次，有人踢了他一脚，他默默地忍耐着，另一个人对此感到惊讶，而他说道："如果有一头驴子踢了我，那么我应该抱怨吗？"（第欧根尼《名哲言行录》）还有一次，有人问他："难道那个人没有斥骂和羞辱你吗？"他的

---

① 马略（前157—前86）：古罗马政治家、军队统帅。

② 普鲁塔克（46—120）：罗马作家、哲学家、历史学家。

回答是："没有，他说的那些不适用于我。"斯托拜阿斯（《花朵与盖斯福德》第1卷）为我们保留了穆索尼斯[1]的很长一段话，我们可以看出古人对待不公正的方式。除了法律所规定的满足，他们对其他满足一无所知，聪明的人就连这种满足也加以鄙视。一个古代人在挨了耳光以后唯一的满足方式就是寻求法律手段，这可以在柏拉图的《高尔吉亚篇》（第86页）中看到，苏格拉底对此也抱有相同的观点。类似的事实还见于《吉里斯的报道》：某个叫作卢修斯·维拉修斯的人想要展现自己的勇气，毫无理由地打了路上遇见的几个罗马公民的耳光，但是为了避免事情的进一步发展，他让一个奴隶拿着一袋铜币，向那些震惊的人支付法定的造成疼痛应当赔偿的25阿斯。著名的犬儒主义者克拉特斯[2]曾经被音乐家尼克德洛姆斯狠狠地打了一耳光，他的脸都肿了起来，起了瘀青。因此，克拉特斯在自己的额头上贴了一张纸，上面写着"尼克德洛姆斯所为"，给这位长笛手带来了巨大的羞辱，因为他对这个全雅典奉若神明的人（阿普列乌斯《花开》）做出了如此残暴的行为（第欧根尼《名哲言行录》）。来自锡诺普的第欧根尼在一封写给密勒西普斯的信中告诉我们，几个雅典人的儿子在醉酒后对他进行了殴打，而他觉得这没有什么（第欧根尼《名哲言行

---

① 穆索尼斯（30—100）：古罗马哲学家，晚期斯多葛学派的代表。

② 克拉特斯（前365—前285）：犬儒主义哲学家，受到第欧根尼的重大影响。

录》）。塞内加在《永恒的智慧》一书中，从第 10 章开始一直到结尾都在详细探讨如何对待别人的侮辱，结论就是明智的人不会在意这些东西。他在第 14 章中说道："智慧的人受到了袭击，那么他要做些什么？加图在挨了耳光以后是怎么做的呢？他没有发怒，没有报复，甚至没有还手，只是否认这个事实。"

"是的，"你会喊道，"那些人都是智者！"那么，你们都是蠢货吗？不言而喻。

也就是说，我们可以看到，古人对骑士名声全部的原则都一无所知，因为他们依然还在以不带偏见的自然眼光观察所有的事物，因此不会被这些邪恶的、无可救药的闹剧所说服。所以他们可能会觉得一记耳光什么也不算，只是一记耳光，只是一次小小的身体上的轻视，而它对现代人来说却是一场灾难，足以成为一出悲剧的主题，例如高乃依 ① 的《熙德》，还有一部最近有关德国市民的悲剧，它叫作《环境的力量》，但它实际上应该被称为"偏见的力量"。如果有人在巴黎的国民议会上挨了一耳光，那么整个欧洲都能听见它的响声。那些"富有名声的人"看到上述的经典引文和引述的古代事例肯定会表示反对。作为对症的良药，我推荐阅读狄德罗 ② 的大师级作品《宿命论者雅克》里面德格朗先生的故事，这是一段描述现代骑士名声的经典杰作，他们在看到这里的时候会觉得耳目一

① 高乃依（1606—1684）：法国剧作家。
② 狄德罗（1713—1784）：法国文学家、哲学家。

新，并且从中得到启发。①

　　从上面的详细讨论中可以清楚地得出结论，骑士的名声准则绝对不是原始的、建立在人类本性之上的事物。也就是说，它是人为的，要找到它的源头也并不困难。它显然是那个人们更多地运用拳头而不是头脑、而理性又被教士禁锢的时代的产物，也就是说，它属于被赞美的中世纪和它的骑士。那个时候，人们不仅仅需要亲爱的上帝为他们操劳，还需要上帝进行判决。因此，难以解决的法律案件就通过神谕或者上帝的判决得出答案，这就意味着决斗，很少有例外。决斗绝不仅仅局限在骑士之间，也在市民之间进行。莎士比亚的《亨利六世》（第2部分第2幕第2景）就是一个非常好的

---

① 两位绅士向同一位女士求爱，其中一人名字是德格朗。他俩挨着坐，而女士坐在对面，德格朗谈吐活泼，试图吸引这个女子的注意。但这个女子心不在焉，好像并没有倾听德格朗的话，而是不时地瞟着德格朗的情敌。当时，德格朗手里正握着一颗生鸡蛋。一股病态的嫉妒驱使他捏碎了这颗鸡蛋。鸡蛋弄破了，并且溅在了他的情敌的脸上。他的情敌的手动了一下，但德格朗握住了他的手，小声地在他耳边说了一句："我接受你的挑战。"在座的人陷入了一片静默。第二天，德格朗的右颧骨上围上了一块厚厚的黑石膏，他们决斗了。在接下来的决斗中，德格朗重挫对手，对手伤势严重。与此同时，他脸上所敷膏药的规模减小了。当对手康复，二人再次决斗。德格朗再次挂彩，脸上的膏药却持续减少。如此往复，他们决斗了五六次之多，而每一次德格朗脸上的膏药都比上一次少——直到对手的脸上敷起了膏药。这旧时代的高贵骑士精神！不过，认真说来，谁要把这一典型故事跟以往发生的这类事情对比一下，就一定会说，一如在其他的事情上面，古人多么伟大，现代人又多么渺小！——作者原注

佐证案例。在任何法律判决之后也还可以进行决斗，这是在诉诸更高的机构进行裁决——上帝的判决。也就是说，不是理性，而是动物的本性坐上了法官的交椅，起到决定作用的不是这个人做的事情合法还是不合法，而是他最后的遭遇，这完全符合至今依然有效的骑士的名声原则。如果谁依然对这种决斗的起源抱有怀疑，那么可以读一读 J.G. 梅林根出版于 1849 年的杰出著作《决斗史》。是的，甚至在今天，大家都知道那些依照骑士的名声原则生活的人们恰好是最缺乏教育和最不爱思考的人们，有些人依然真的把决斗的结果当作上帝对他们争执的判决，这当然是以传统流传下来的观点为依据。

我们先忽略骑士名声的根源，它的倾向首先就是通过身体方面的暴力的威胁，强行得到表面上展现出来的尊敬，而真正赢得尊重却是一件很困难的事情，或者他们认为这是一件多余的事情。这就像是某个人用手给温度计的水银柱加热，想要通过水银柱的上升证明自己的房间非常温暖。如果进行进一步的考察，我们就会发现这件事情的核心在于，市民的名声是想要与其他人进行友好的往来，希望别人对我们形成的评价是我们完全值得信任，因为我们绝对尊重他人的权利。而骑士的名声却希望别人对我们形成这样的评价：我们令人生畏，因为我们绝对捍卫自己的权利。这条基本原则——被人畏惧比享受信任更加重要、人类的正义不值得依赖，并不是一个彻头彻尾的错误，因为如果我们生活在自然的状态下，那么每个人都需要保护自己，直接捍卫自己的权利。但是在文明的状态下，国家保护我们的人身安全和财产安全，那么这条原则就失去了用武之地，就像拳头正义时代遗留下来的城堡和瞭望塔，荒废而毫无用途地立在开垦良好的农田和熙熙攘攘的公路甚至是铁路的中间。因此，坚守这种骑士荣誉只能在如下的情况下对一个人进行惩罚——国家只能对他进行轻微的惩罚，或者根据"法律不处理最为微妙的事情"的原则，根本就不进行惩罚，因为他所做的只是毫无意义的损害，部分仅仅是胡闹行为。但是以骑士名声的视角看，这些行为得到了夸大，与这个人本身的天性、特质和命运都完全不再相符，名声的价值被提升到了某种神圣的地步，这样一来，国家对这种微不足道的损害给予的惩罚就显得远远不够了，因此被侮辱者要自己承担惩罚的职责，而且永远是要伤害侮辱者的身体和生命。这里的根本原因显然是过度的高傲和膨胀的自豪，以及完全忘记了人实际上是什么。骑士荣誉要求人绝对不能造成任何伤害，也就是做到无可挑剔。但每一个准备暴力执行这种想法，并且宣告"谁辱骂我，谁殴打我，谁就要走向灭亡"的人，真的应该因此而被驱逐出境。①

因此，为了美化这种浮夸的傲慢，人们用上了所有的借口。两个无所畏惧的人不会向任何一方让路，然后就会从最轻微的摩擦变成辱骂，然后变成殴打，最终演变成决斗。因此最好是跳过中间阶段，立刻拿起武器，这样还更加体面。人们把专业化的流程在这里变成一种僵化、迂腐的系统，设立了法则和规范，这是在世界面前以最为严肃的态度上演的闹剧，真的是对名声殿堂的愚蠢膜拜。可是这个基本法则就是错误的。在处理不那么重要的事情的时候（重要的事情始终都交由法庭处理），两个无所畏惧的

_____

① 骑士荣誉是自大和愚蠢的产儿。但人类族群的遗产不是傲慢，而是贫困。与骑士荣誉针锋相对的真理则由卡尔德隆的《永恒的原则》里的一句台词表达出来："贫乏就是阿当的命运。"值得注意的是，这种极端的自大傲慢竟然独一无二地出现在信奉如此宗教的人们当中。这一宗教要求它的信徒们把表现最大的谦卑作为他们的责任。因为在这之前的世纪，在其他各大洲，都不曾听说过这种骑士荣誉的原则。但我们却不能把它归于宗教的原因，而应该把它归于封建制度。在这种制度下，每个贵族都自视为小皇帝，不承认在他之上还会有由人担任的裁判者。所以，他把自己视为神圣不可侵犯的。因此，每一针对他的侮辱言词和攻击行为就犹如十恶不赦的死罪。骑士名誉的原则和决斗起初仅限于贵族，后来也只扩散到军官阶层，这些军官和贵族阶层保持着某种藕断丝连的关系，他们虽然从未被贵族所接纳，却也不甘其后。当决斗从神裁那里发展出来时，决斗则不是原因，而是骑士荣誉的实行和发展的结果。不承认任何由人担任的判决者的人，会寻求上帝的裁决。然而，神判法并非基督教世界所特有，它在印度人，尤其是古印度人中也大量存在，甚至到今天仍有迹可循。——作者原注

人中间的一个，也就是更聪明的那一个会做出让步，保留两个人的分歧。证据就是人民大众或者是所有数不清的不承认骑士名声原则的阶层的人们的做法——他们让争吵以自然的方式开展。这些阶层的决斗数量是拥护那种原则的阶级的决斗数量的几百分之一，也许总共也就是千分之一的概率，打架斗殴都非常罕见。但还是有人坚称，社会良好的基调和优雅习俗的支柱就是那种原则以及由它衍生的决斗，这些是防止人们做出粗鲁和毫无教养的事情的防护墙。但是在雅典、柯林斯和罗马都的确具有良好的、甚至是非常好的社会氛围，也不乏优雅的习俗和良好的基调，在这背后却完全没有骑士名声这一傀儡。当然，女性在那个时候并不像我们现在这样，在社会里占据重要的地位。现在的情形首先使我们的交谈多了一丝轻浮和松懈的特质，禁止内涵丰富的谈话，这确实在很大程度上造成我们的上流社会声称个人勇气胜过所有其他的品质，但是它实际上只是一个非常次要的、一个仅仅属于下级军人的优点。是的，在这一点上，动物都能胜过我们。例如，人们会说："像一头狮子一样勇敢。"但与上述论断相反，骑士名声的原则经常是一个安全的庇护所，涉及大事，就是不诚恳和品行恶劣，涉及小事，就是缺乏教养、毫无顾忌和粗野无礼。因此很多人都非常痛苦地默默忍受着这些行为，因为没有兴趣冒着生命危险训斥别人。与这一切相吻合的是，我们可以看到，决斗进行得如火如荼、至为血腥的地方，恰好是政治和金融事务最缺少真正名誉的国家。关于这个国家的私人交往情况，可以向那些有经验的人们询问。但这个国家的文雅水平和社会教养水平肯定是出了名的糟糕。

也就是说，所有的借口都并不稳固。更有道理的说法是，一只狗遇见另一只狂吠的狗会发出吠叫，但在受到爱抚的时候就会表现出谄媚，这一点也存在于人类的天性中——以敌意回应遇见的每种敌意，在看到被低估或者被仇恨的征兆的时候会感到苦恼，受到刺激。因此，西塞罗已经说过："面对侮辱和恶意带来的痛苦，就连谨慎和善良的人也难以承受。"无论在世界何处（除了某些教派的虔诚信徒），被辱骂或者是被殴打都很难被人平静地接受。但是人类的天性绝对不会超出采取就事论事的相应报复，不会因为他人的指责、谎言、愚蠢或者是怯懦就置人于死地。而古老的德语箴言"耳光要以匕首应对"就属于膨胀的骑士偏见。无论如何，对侮辱的回应或报复都是出于愤怒，但绝对不是出于名声和职责，而是因为骑士的名声原则给它们贴上了这样的标签。确切无疑的是，所有指责所能伤害的尺度都取决于是否切中了要点。我们可以从下面这一事实看出这一点：只要指责直指要害，那么最轻微的暗示都比最严重却毫无根据的指责造成的伤害更深。因此如果谁真的知道这种指责没有根据，就应该心安理得地对此表示轻蔑。与之相反，骑士的名声原则却要求他表现出对这个并没有任何感觉的指责有所反应，对这个并没有伤害他的侮辱行为采取血腥的报复。但是如果有谁急于压制所有具有攻击性的表达，不让它们发声，那么这个人对自己价值的评价肯定很低。因此，在面对侮辱的时候，真正自尊自爱的人们会表现出彻头彻尾的无动于衷，而那些本身有缺陷的人们如果做不到这一点，那么也可以在机智和教养的引导之下挽回颜面，隐藏怒火。只有我们首先摆脱骑士名声原则的偏见，才没有人可以通过辱骂夺走任何人的名声或者是恢复自己的名声，也无法通过任何不公、任何粗鲁行为使得决斗这种肆意的报复立刻变得合法化，那么很快就会出现一个普遍的观点：在涉及羞辱和斥骂的时候，被战胜的人反而是胜利者。就像文圣佐·蒙蒂[①]所说的那样，侮辱就像教堂的游行队列，永远会返回它们的出发点。然后，人们立刻就不会像现在这样，不得不通过粗鲁的行为来捍卫自己的权利，这样思想和理解才会完全进入我们的话语，而不是像现在这样，我们首先要顾虑这些东西会不会刚一出现就吓到和冒犯到那些狭隘和愚蠢的人们，引发冲突，由此可能会引发有头脑的人们和思想浅薄的人们的搏斗，引发一场掷骰子一样的生死局。这样，精神方面具有优势的人们才会在社会里得到他所应得的优先地位。可是现在，躯体的优势和匹夫之勇却占据上风——尽管这一点不为人知，这已经导致具有优势的人们有了一条从社交圈中抽身而退的理由。所以这样

---

① 文圣佐·蒙蒂（1754—1828）：意大利新古典派诗人。

的改变会引向真正良好的基调和真正和谐的社会，毫无疑问，雅典、柯林斯和罗马的社会就是这样的。如果谁想要知道这方面的证据，那么我就推荐他阅读色诺芬 [①] 的《会饮篇》。

毫无疑问，对骑士规范最后的辩护是这样的："唉，愿上帝与我们同在！这样所有人都可以对另一个人动手了！"我对这一点进行简短的回答：这种情形发生在占社会人数百分之九十九、不奉行骑士荣誉的人群，却不会有一个人因动粗而丧生。但在信守骑士原则的人群当中，一般来说一次动粗都会酿成致命的结果。但是我还想进行一段更详细的论述。我经常非常努力地想要找出人类社会里的一部分人如此坚信被人打一巴掌是如此可怕的事情的原因，无论是来自于动物的天性，还是来自于人类的理智天性，无论是可靠的或者至少是暂时的原因，不仅仅是一些漂亮话，而是某种可以归结为清晰概念的原因，但这一切都是徒劳。一次击打永远都是一次小小的肉体上的不适，一个人可以引起另一个人这样的不适，但是它只能证明动手的人更强壮或者是更灵活，而另一方没有好好保护自己而已。此外就没有办法分析出别的东西了。但我却看到一位骑士把挨了别人一巴掌视为最大的灾祸，却忍受了他的马匹十倍有力的踢打，一瘸一拐地怀着痛苦隐忍着，向别人保证这算不了什么。因此我想，原因出在人的手上。只是

---

① 色诺芬（约前 430—约前 355 或 354）：古希腊历史学家、作家。

我看到我们的骑士在战斗中受到了握在手里的匕首和刀剑的攻击，却忍耐下来，向别人保证这只是小事一桩，根本不值一提。我听说，即便是用刀面拍打也没有用棍棒打人那么糟糕，因此，在不久之前，军校生宁可接受前者而不是后者。现在，用刀面拍击授勋骑士已经成了莫大的荣誉。因此我终于结束了我在身体层面和道德层面的思考，只能得出一个结论，也就是这一切都是一种古老的、根深蒂固的偏见，是说明人类多么轻信的一个案例。一个众所周知的事实也可以作为佐证：在古代中国，用竹杖鞭打是一种常用的对市民的惩罚，甚至对所有级别的官吏也是如此。这向我们展现出来，在中国，那种高度文明化的人类天性并不赞同骑士的名声①。如果我们以不带偏见的目光观察一下人类的天性，我们甚至就会发现这样的殴打行为非常自然，就像野兽会互相撕咬，长角的动物会互相冲撞一样。人类本来就是爱打架的动物。因此，如果我们在很罕见的情况下听到一个人咬了另一个人，我们当然会感到愤怒，但是相反，如果只是一个人打了另一个人，那么这就是一件非常自然的事情，不会成为什么轰动事件。但是如果让一个国家或者仅仅是一个阶级的人坚信，挨打是一种可怕的不幸，

① 在背上接受 20 或 30 下竹杖子的抽打，可以说是中国人的家常便饭。这是中国人教育子女的方式，那并不是一件什么大不了的事情，被罚者亦以感谢的态度接受它们。——《教育和奇妙书信集》第 2 卷（1819）。

必须伴随着刺杀和屠戮，那么这就是一种残忍的行为。世界上真正的邪恶已经太多了，人们不应该再将那些幻想中的邪恶引入生活中，使之繁衍生息。这种做法是愚蠢又恶毒的偏见。因此我不得不对政府和立法机构推行这种偏见的行为表示反对，因为他们热切地要求在公民和军人之间均禁止体罚制度。他们相信这样会带来人道主义的利益，但情况正相反，这只会使那种违背自然、无可救药的妄念得到固化，而人们已经为此牺牲太多。在面对所有违法行为的时候，除了最严重的行为，人们首先想到的就是进行殴打，这是自然的惩罚方式。谁不接受理智，谁就要接受殴打。如果一个人没有可以用来交罚款的财产，如果人们需要他的劳力，而限制他的自由也没有什么好处，那么适度的体罚就是适当且自然的做法。没有任何反对的理由，除了仅仅是场面话的"人类的尊严"。但这并不建立在清晰的概念之上，而是仅仅建立在上述陈腐的偏见之上。这才是问题的根源，这里有一个几乎是可笑的证据，也就是最近，在许多国家里，军人的体罚被关禁闭取代，后者和前者一样会造成身体上的痛苦，却并不被认为对名声和尊严造成了损伤。

但是如此促进上述的偏见只会助长骑士的名声原则和决斗行为，而与此同时，人们又在努力通过法律，或者似乎在通过法律禁

止决斗行为 ①。结果就是最野蛮的中世纪产生的"拳头正义"一直流传到了十九世纪，这种公开的耻辱如今还在一而再地上演。现在正是对它报以斥责和羞辱，并且抛弃它的时候了。难道今天不是已经禁止斗犬或者是斗鸡了吗（至少在英国，这样的娱乐会受到惩罚）？但是人们还要违心地进行殊死搏斗，遵从可笑的、荒唐的骑士荣誉原则。在那些狭隘的践行者和维护者的鼓吹下，人们认为自己的职责就是为了某种鸡毛蒜皮的小事像角斗士一样和彼此搏斗。因此我建议我们的德语纯粹主义者，duell（决斗）这个词可能并不来源于拉丁语的 duellum（决斗），而是来自西班牙语的 duelo，也就是痛苦、哀怨和烦闷，所以这种行为可以被命名为"骑士猎杀"。

---

① 政府表面上显得非常热切地想要压制决斗行为——至少是在大学里——实际上又好像并不希望成功，实际的原因在我看来是这样的：国家无法以金钱完全报偿它的军官和市民官员，因此还需要把另一半金钱转化为名声，也就是通过头衔、制服和勋章表现出来。为了以更好的方式维护这种理想的报偿方式，就必须以各种方法培养和加深荣誉感，无论如何都要使它变得充满张力，但是市民的名声并不足以满足这个目的，因为人们已经把它分享给了每个个人，因此就采用骑士的名声作为辅助，并以上述方式进行维护。在英格兰，军官和市民官员的官饷比欧洲大陆高许多，所以上述的辅助措施就不需要了。因此，至少是在最近的二十年来，决斗已经在英国近乎绝迹，只是偶尔发生，然后决斗者会被当作傻瓜嘲笑。的确，巨大的"反决斗团体"由众多勋爵、将军和司令组成，做出了许多贡献，莫洛赫神（古代腓尼基人所信奉的火神，以儿童作为献祭品。）再也得不到祭品了。——作者原注

这种迂腐的观点十分愚蠢，无论如何都只能提供笑料。但是令人气恼的是，这种原则和它荒谬的规范却在一个国家里又建立起一个王国，不承认除了"拳头正义"以外的任何规范，令所有屈从于这一点的阶层接受暴政，公开设立一个神圣的宗教法庭，非常微不足道的理由就可以成为行刑的借口，然后就是生死的决断。当然，这样一来，任何一个信奉此种公理的恶棍就都属于了这个阶级，这些最应该受到谴责的人们就可以威胁甚至是除掉那些不得不憎恨他们的最高贵和最出色的人们。在今天，司法机构和警察系统已经组织得相当完备，恶棍不再可能在公路上对着我们喊"要钱还是要命"，而我们健康的理智也应该最终回归平静，不再让恶棍对着我们喊"要名声还是要生命"。上流阶层应该卸下胸中的块垒，这是因为任何人在任何时刻都可以为自己的身体和生命负责，不能因为粗鲁、草率和愚蠢而让自己落入别人的手中，听凭别人的摆布。因此，如果两个缺乏经验、头脑发热的年轻人陷入了争吵，不惜自己的鲜血、健康或者生命进行搏斗，那么这就是可怖的、有害的。这个国中之国的暴君是多么的恶劣，这种偏见的力量是多么的强大：人们经常因为阶层太高或太低，抑或与侮辱者之间的差异太大，无法重建自己受损的骑士名声，因此在绝望中自我了断，酿成一幕幕悲喜剧。因为在大多数情况下，虚伪和荒谬之处都会在最后暴露出来。这里是最明显的二律背反的例子：军官禁止参加决斗，但是如果他拒绝和别人决斗，作为惩罚，他就会被解雇。

但是我既然已经说到了这里，我就还要继续自由表达我的观点。如果公平而不带偏见地考虑，这件事情仅仅基于一点，也就是如我们上述所说，一个国中之国没有任何其他的权利，只有强者的权利，只有拳头的正义，它把这些视为上帝的审判，视为自己的基本规范，因此，人们通过同样的武器从正面杀死对手就和从背面袭击对手之间有着重要和巨大的差异。因为在正面攻击中，人们无法证明其他事情，除了谁更强壮，谁更灵巧。人们认为正面搏斗具有合理性的前提是：强者的权利才是真正的权利。事实上也有这样的情况，就是另一方不懂得如何防卫，这只为我提供了杀死他的可能性，却绝对没有为我提供杀死他的权利，也就是说，我杀死他的道德权利仅仅建立在我要夺走他性命的动机之上。如果我们现在假设，我真的具有合理而且充分的动机，那么杀死他这件事情就绝对没有理由取决于是我还是他的枪击或者剑术更胜一筹，而是取决于我用何种方式夺取他的性命，是从背面还是从正面。因为从道德层面看，强者并不比聪明者更正义，诡计多端的刺杀所运用的正义也并不具有更多的分量。在这里，拳头正义和头脑正义具有一样的分量。需要注意的是，在决斗的时候，击剑所使用的所有花招就都已经是诡计了。如果我觉得我在道德层面上有权利夺走一个人的生命，那么这件事情由他的射击和击剑水平是否胜过我来决定就是愚蠢的。在这种情况下，他会反过来造成对我的损伤，还能够夺走我的性命。侮辱不应该通过决斗来报复，而是应该通过暗杀来报复，这就是卢梭①的观点，他小心翼翼地在《爱弥儿》第 4 部第 21 条神秘的注释中对这一点进行了暗示。但是他深受骑士偏见的束缚，认为遭受说谎的指责就已经有了实施暗杀的权利，与此同时，他肯定也知道，每个人都无数次地应该受到这样的指责，是的，他自己还是其中情况最为严重的。但是认为杀死侮辱者的权利来自于使用相同的武器进行光明正大的搏斗的这种偏见显然是把拳头正义当成了真正的正义，当成了上帝对决斗做出的判决。意大利人则相反，在怒火万丈地遇见了侮辱自己的人的时候，就会毫不犹豫地直接拿刀扑上去，这种做法至少是连贯和自然的。其实这样的做法更聪明，但也不比决斗更恶劣。人们可能会说，我在决斗中杀死敌人的时候，其实有一个合理的理由，也就是他也在努力杀死我。那么我也可以说，我在要求决斗的时候就把对方置于了紧急防卫状态。这种蓄意把对方置于紧急防卫状态的行为本质上就是在为谋杀寻找一个说得过去的借口。还不如说双方一致同意将生命置于这一场赌局，"自愿者"并没有其他借口。这样一来，骑士名声原则的暴戾和它荒谬的动手规范就是把决斗的双方，或者至少是一方拖进了这个血腥的宗教法庭。

　　我在骑士名声这方面谈论得太远了，但是我是出于良好的意图，因为哲学是世界上唯一能够对抗道德和智力这两个庞然大物的

---

① 卢梭（1712—1778）：法国启蒙思想家、哲学家、教育学家、文学家。

大力士。有两件主要的东西将新时代和古老的时代区分开来，在新时代留下了严肃、阴沉和肃穆的一笔，而在古老的时代，人们却自由、欢愉而无拘无束，就像处在生命的清早。它们就是骑士原则和性病。"一对高贵的事物！"它们一起毒害了生活中的"雄辩与爱情"。性病传播的影响实际上比乍看起来要更加深远，因为它绝对不仅仅是肉体上的问题，也是道德上的问题。自从爱神的箭袋里也带有了含毒的箭矢，两性之间的关系就出现了一种陌生的、敌对的，甚至是魔鬼般的元素，由此导致了一种阴沉可怕的不信任，而且直接影响到了人类社会根基的种种变化，并且或多或少地影响到了其他的社会关系，但详细探讨会导致偏题。与之相类似的是截然不同的东西，也就是骑士的名声原则的影响，这种郑重其事的闹剧是古人所不了解的，却使现代社会变得僵化、严肃和惊恐，因为每句仓促的表达都要经过冥思苦想。但还有更多的问题！这种原则就像无处不在的米诺陶诺斯，和古典时代一样，欧洲大陆每年都不得不献祭给它大量的贵族子弟。因此，现在是时候勇敢地攻击这个怪物了，就像我们在这里所说的一样。希望这两个新时代的怪物能够在十九世纪走向灭亡！我们不能放弃希望！医生有可能最终通过预防药物成功地征服性病。但是要消灭骑士荣誉这只怪物却是哲学的事情，需要纠正人们的观念，因为政府所运用的法律手段直到目前都还没有取得成功。而且，也只有通过哲学的方式才能够铲除这种灾祸的根基。如果政府真的打算根除决斗行为，而收效甚微的结果只是因为政府的无能，那么我就会举荐一条法律，我可以承诺它会取得成功，而且也不需要血腥的措施，不需要断头台或绞刑架，不需要终身监禁的方法作为辅助。与之相反，这是一种微不足道、非常简便的顺势疗法。如果谁发出决斗挑战或者是接受别人的挑战，就"按照中国人的方式"，在光天化日之下，在士兵长的面前，接受十二竹杖的惩罚，送信人和公证人则每人接受六竹杖的惩罚，决斗实际上所造成的后果则按照一般的刑事犯罪处理。也许自诩为按照骑士的方式思考的人会反驳我，说这样的惩罚实在是太可怕了，有些"富有名声的人"会开枪自尽，但我对此的回答是：如果这样一个傻瓜开枪自尽，那也比被别人杀死好得多。但实际上我非常清楚，政府并没有认真地想要根除决斗行为。市政官员，尤其是军官（最高级职位的除外）的收入远远低于他们所做出的贡献。因此另一半收入就只能用名声来支付了。名声的代表首先就是头衔和勋章，在广义上也包括自己阶层的名声。对这种阶层的名声来说，决斗就是一匹非常有用的副马，因此人们在大学里就已经开始了预备的训练。牺牲者本身以鲜血弥补了收入的不足。

要进行完整的讨论，我们还要在这里提到民族的名声。这是整个民族作为多民族共同体的一部分的名声。这种名声没有其他的任何形式，只有暴力，因此每个成员都要捍卫自己的权利，所以一个民族的名声并不仅仅来自于赢取他人的评价，被认为是可信的（有信用的），而是也要令人生畏。因此，民族的名声绝对不能被其他民族侵犯。也就是说，民族荣誉就结合了公民荣誉和骑士荣誉。

我在人们给予的表象，即人们在他人眼中的样子这一部分里最后提到过荣誉。在此，我们必须继续对它作一番考察。荣誉和名声是一对双生子，但就像第奥斯科所生的孪生子一样，一个（波鲁斯）长生不老，另一个（卡斯图）则终究要死亡。名声是可朽的，荣誉就是名声不朽的兄弟。自然，这里的荣誉指的是更高等级的类别，是真正的和实际的荣誉，也就是说，也有许多过眼云烟般的荣誉。此外，名声只涉及人们在同样的处境下所需要表现出来的特质，而荣誉是任何人都不能够向别人要求的特质。名声是每个人都必须公开展示出来的东西，而荣誉则取决于别人是否将其赋予我们。名声的大小取决于别人对我们的了解，并不会超过这种了解，荣誉却可以达到比别人认为我们应达到的更高的高度。我们要求每个人都拥有名声，却只有例外的几个人能够获得荣誉。因为只有非凡的贡献才能够带来荣誉。做出壮举、留下著作，这是通往荣誉的两条道路。要做出壮举，绝对需要一颗伟大的心灵，要写出著作，则需要一个伟大的头脑。这两条路都有自己的优点和缺点。最主要的区别是，壮举会成为过去，著作则会留存下来。最高贵的壮举也只能发挥一段时间的影响，天才的作品则会持续鲜活地发挥作用，带来教育与振奋，穿越所有时代。壮举只能够留下记忆，而记忆永远会越来越衰弱、越来越扭曲、越来越淡薄，甚至不得不渐渐地走向湮灭，除非我们把历史记录下来，以化石的形式传递给后世。与之相反，著作本身就是不朽的，尤其是文学著作，可以世代相传。关于亚历山大大帝[①]，现在只有他的名字和对他的记忆是鲜活的，但是柏拉图和亚里士多德、荷马和贺拉斯本人却鲜活地直接发挥影响《吠陀经》[②]，包括它的《奥义书》[③]依然存在，但是我们对所有各个时代发生过的壮举都一无所知。[④]壮举的另一个缺点就是它依赖于时机，必须先有机会提供实施壮举的可能性，这样一来，壮举的荣誉就并不仅仅取决于它本身的价值，也取决于环境，只有环境会

[①] 亚历山大大帝（前 356—前 323）：马其顿国王。

[②]《吠陀经》：印度最古老的宗教文献和文学作品的总称，用古梵文创作，写作年代约为公元前 2000—公元前 1000 年间。

[③]《奥义书》：古印度教的经典文献，以散文化和诗化的语言阐释印度教原理。

[④] 因此，如果按照今天的方式，认为将著作冠名为壮举就可以使之具有名誉，只不过是一种低级的赞美。因为著作从本质上讲是更高级的形式。一次壮举永远只是一种动机的产物，仅此一次，稍纵即逝，而且属于世界普遍的原初元素，属于意志的产物。但伟大或者是优美的著作却是持久的，因为它具有普遍的意义，发源于智慧，就像一缕无辜、纯净的芬芳从意志的世界里升起。壮举带来的荣誉所具有的优点是，一般来讲，这种壮举立刻就会引起强烈的轰动，经常会传遍整个欧洲。而著作的荣誉来得很慢，渐渐到来，一开始非常轻微，然后才喧嚣起来，经常在几百年以后才会抵达巅峰：然后就会一直处于巅峰，因为作品永存，几千年来都是如此。但任何其他的东西都正相反，在最初的轰动之后就渐渐衰弱，渐渐鲜为人知，直到最后成为历史中鬼影幢幢的存在。——作者原注

赋予它重要性和光彩度。例如，在战争中，纯粹的个人壮举可能就取决于为数不多的证人的证词。这些证人并不是一直都在场，因此不是始终都是公正和不带偏见的。但是反过来讲，壮举也有自己的优点，也就是它是某种实际的行动，处在普通人评判能力的范畴之内，因此只要掌握了正确的数据，那么它们就会得到公正的对待，除非人们在日后才正确认识到或者公平评价了这项壮举的动机。因为只有知道了动机才算是理解了行动。著作的情况就恰恰相反。它们的诞生不依赖于时机，而是仅仅依赖于它们的创作者，只要它们还是本来的面目，它们就始终都是这样。但是它们却存在着评判方面的困难，它们越是高级，那么评判的困难就越大。经常缺乏拥有能力、不带偏见而心怀诚恳的评判者。但是著作的荣誉不会因为一个机构得到决定，而是还有上诉的渠道。因为就像我已经说过的那样，壮举仅仅会给后世留下记忆，由同时代的人进行传播，著作则恰恰相反，除非有某些部分缺失，否则就会始终保持原样。在这里不会有数据的歪曲，也不会有在创作之初时面临的不利的环境影响。不如说，时间才能逐渐带来为数不多、真正有能力的评判者，他们自己本身就是例外，成了更伟大的例外的审判者。他们会依次发出重要的声音。当然，这样一来，有时候要到几百年后，才能够产生完全公正的评判，之后的时代不会再推翻这一评判。著作的荣誉就是如此稳固和不可更改。不过，作者能否经历这一刻，却取决于外在的和偶然的条件。著作越是高尚和艰深，这种情况就越是罕见。塞内加（《书信集》）也说过类似的话，他的表达具有无与伦比的美丽，他说，荣誉和成就如影随形，但有时在前，有时在后，在讨论完这一点以后，他又补充道："尽管嫉妒让你的同时代人沉默不语，但以后总会有人给出不带恶意也不带恭维的评判。"我们可以从中看出来，这种通过恶意的沉默和忽视压抑成就，不让公众看到善行，造福恶人的行为早在塞内加的时代就已经在恶棍中间成为非常普遍的行为了，就像在我们中间一样——嫉妒使我们闭紧双唇。一般来讲，荣誉来得越晚，持续的时间就越久，就像所有的优势都只能慢慢成熟。会成为身后荣誉的荣誉就像一棵橡树，从种子慢慢地长大，转瞬即逝的轻微荣誉却像是一株快速生长的一年生植物，而虚假的荣誉就是飞速生长的杂草，很快就会被拔除。这个过程实际上基于以下一点：一个人越是属于后世，也就是说，这个人越是属于全人类，那么他就与自己的时代越是疏远，因为他并不是对这个特别的时代做出了贡献，也不是对另外的时代做出了贡献，而是为整个人类做出了贡献，因此属于整个人类。于是，他流失了自己的地方色彩。因此，他最后很有可能格格不入地从当时的世界旁边经过。那些只属于短暂岁月里的事务或者瞬间的情绪的人们因此完全属于自己的时代，与它同生共死，更能够得到自己时代的珍视。所以，艺术史和文学史教会我们，人类精神的最高成就通常都不会得到欣然的接纳，而是会一直等到卓越的思想者出现，感受到它们的召唤，赋予它们威望。这样一来，它们就会维持自己所得到的权威。这一切都建立在一个根本的原因之上，也就是每个人实际上只能够理解和珍视与自己同质的事物。贫乏的人只能欣赏贫乏的事物，平庸的人只能欣赏平庸的事物，糊涂的人只能欣赏混乱的事物，没有头脑的人只能欣赏毫无意义的事物。最喜欢某部著作的人是与它本质最相同的人。因此古老的预言人物伊庇查莫斯唱道：

> 我说出自己的想法，这并不奇怪，
> 每个喜爱自己的人，都陷入了妄念，
> 自以为值得赞赏。
> 狗对狗来说，就是最美的存在。
> 牛对牛来说，
> 驴对驴来说，
> 猪对猪来说，也是如此。

就像最强壮的手臂没有办法给轻盈的物体提供助力，不会使它运动起来、飞起来并且有力地击中目标，而是会没飞多远就很快疲软地垂落下来，因为它缺乏自身质量的载体，缺乏外界的力量。美丽和伟大的思想也是这样，天才的杰作更是这样——如果接受它们的是渺小、软弱或者偏狭的头脑。这一点已经令各个时代的智者发出了异口同声的叹惋。例如，耶稣·西拉说道："谁在同一个愚人讲话，谁就是在和一个睡着的人讲话。他讲完以后，对方会说：什么？"哈姆雷特也说："阴险的话语睡在愚人的耳朵里。"歌德也说道：

> 最令人幸福的话语也会被嘲讽，
> 如果倾听的人是个傻瓜。

还有：

> 你产生不了影响，所有人都如此愚昧，
> 把这当成好事吧！
> 石头扔进沼泽
> 没有激起涟漪。

利希滕贝格说："如果一个脑袋和一本书撞在了一起，有一个听起来是空的，难道永远都是那本书是空的吗？"他还说："这样的作品就是镜子，如果一只猴子往里面看，就没有办法看到一位圣人。"是的，我们也应该记住盖勒特神父优美而感人的哀叹：

> 最美好的赠礼
> 常常得到最少的感叹，
> 世界上的大部分东西，

坏的都被误认为好的；

人们每天都看到灾祸。

但是，该如何抵挡这种瘟疫？

我怀疑，这种绝望已无法

从我们的世界上被赶走。

这世界上只有一种方法，

只是它无限的艰难。

愚人必须变得聪明。

看啊！他们永远也不会这样。

他们永远也不认识事物的价值。

他们闭着眼睛，还有他们的理智，

他们永远赞美微不足道的东西，

因为他们从来都不识良善。

　　这些智力方面缺乏能力的人们还具有一种特性——正如歌德所说——他们不仅不能够识别和欣赏已经出现的美，而且还具有道德层面的恶劣性，也就是嫉妒。一个人通过自己赢得荣誉，以自己的方式抬高了自己，而其他人也就因此而受到了贬黜。每种卓越的贡献所获得的荣誉都需要以这些并没有荣誉的人为代价。

　　如果我们赋予别人荣誉

我们就肯定贬低了自己。

——歌德《西东诗集》

由此可以解释清楚，无论卓越的作品以何种形式出现，都立刻会受到聚集起来的、数不清的平庸之人的联合反对，不让它产生影响，如果有可能的话，就把它扼杀。他们隐秘的口号是："打倒成就和贡献。"而那些自己有过贡献，已经拥有荣誉的人甚至也不愿意看到新的荣誉出现，因为它的光彩会使自己的荣誉黯然失色。因此歌德自己也说：

> 如果我还在迟疑，
>
> 等人允许我出生，
>
> 我就还没有降生，
>
> 你们能够理解，
>
> 如果你们看到，
>
> 炫耀的人多么炫耀，
>
> 多么乐于否定我。

一般来讲，名声会得到公正的审判，不会引发嫉妒，甚至还会衍生出每个人的信用，而荣誉则不得不与嫉妒搏斗，并且授予这项桂冠的法庭是由怀着偏见的法官组成的。因为我们每个人都可以也都想和别人分享名声。荣誉却会被削弱，会变得无力，会因为每个得到它的人产生改变。此外，通过著作获得荣誉的难度与著作的受众人数呈反比。理由很容易看出来。因为给人带来教益的著作远远比令人获得娱乐的作品更困难。最困难的是哲学著作，因为这种作品所带来的教义一方面是不确定的，另一方面没有任何物质用途，因此哲学著作的读者群首先是纯粹的同行。由上述获得荣誉的困难可以看出来，如果写作能够带来荣誉的著作不是出于本身的热爱与自己的欢愉，而是受到了荣誉的鼓舞，那么人类就很少，或根本就不能写出不朽的作品了。是的，要创作出优秀和公正的作品，避免低劣的作品，就必须与大众和他们的代言人的评判进行抗争，还要报以蔑视。因此有一条非常正确的评判——光荣的奥索琉斯①提出这一观点——追求荣誉的人，荣誉在他面前逃离，轻视荣誉的人，荣誉尾随它。因为前者适应同时代人的品位，后者则反抗这种品位。

得到荣誉是如此艰难，保持荣誉却是如此简单。这一点和名声也是相反的。名声赋予每一个人信用，人们只需要保持信用。但是这里的问题是，仅仅一项微不足道的举动就可以使名声走向不可挽回的丧失。荣誉则与之相反，实际上永远也不会丧失。因为获得荣誉的壮举或者是著作永远都是坚不可摧的，荣誉始终与行动者或者创作者同在，即便他不再做出新的壮举或者是写出新的作品。如果

---

① 奥索琉斯（1506—1580）：葡萄牙天主教神学家，作品中表现出极强的文学性。

荣誉真的褪色了、丧失了，那么它就是虚假的荣誉，也就是说是德不配位的荣誉，是来自一段时间的过高评价，是类似于黑格尔所取得的那种荣誉，就是利希滕贝格描写过的："由友善的集团宣扬并且在空洞的头脑里回响的荣誉，后世会嘲笑它们，因为当这些斑斓的言语大厦、这些飞逝的时尚的美丽空壳还有死灭的言谈的居所被叩问的时候，人们就会发现一切都空空如也，甚至没有最细微的思想可以满怀信心地喊出：请进！"（《杂作》）

荣誉实际上建立在一个人与其他人的对比之上。因此它本质上是一种相对的事物，所以也只能具有相对的价值。如果其他人也和享有盛名的人变得一样，那么它就会飞逝。绝对的价值只能来自在任何情况下都能够保留、直接对自己有益的东西。因此，伟大的心灵和伟大的头脑的价值和幸福一定就在于它们自身。也就是说，不是荣誉，而是使人得到荣誉的东西才是有价值的。因为它们是实质，而荣誉只不过是实在事物的意外。它对享有盛名的人们的作用主要是一种外在的象征，通过这种象征可以确认他对自己的高度评价。因此，我们可以说，光本身是不可见的，只有经过物体的折射才是可见的，每个人的出众之处也是通过荣誉才真正变得确切。只是这不是一种完全诚实无欺的象征，也存在不劳而获的荣誉和寂寂无闻的贡献。因此莱辛 ① 的一个表达非常适宜："有一些人声名赫

① 莱辛（1729—1781）：德国启蒙思想家、剧作家、文艺理论家。

赫，其他人却理应如此。"此外，一个人到底有没有价值，如果取决于他在他人眼里的样子，那实在太可悲了，因为即便他过着英雄或者是天才的生活，他的价值也仅仅取决于荣誉，也就是其他人对他的喝彩。更确切的说法是，每个人都的确是为了自己生活和存在，因此首先是以自己的方式为了自己而活。对一个人本身来说最重要的就是他是什么人，无论是以何种方式，如果这个人自身并没有很高的价值，那么他这个人本来也就没有很高的价值。与之相反，这个人的本质在他人头脑里的形象是次要的、附加的东西，受制于偶然，只能对他本身起到非常间接的影响。此外，大众的头脑是一座过于悲惨的舞台，上面不可能存在真正的幸福。更确切的说法是，在上面只能找到畸形的幸福。在所有荣誉的殿堂里相遇的是一群多么混杂的人啊！将军、部长、庸医、杂技师、舞蹈家、歌手、百万富翁和犹太人。是的，在这里，所有这些人的优势比起那些精神高度发展的人们的优势都受到了更为由衷的珍视，得到了更多的"真心的尊敬"，而后者在大众那里只是得到了"口头的尊敬"。从幸福学的视角考虑，荣誉只不过是喂养我们的骄傲和我们的虚荣心的罕见和珍贵的饲料。但是大多数人都有过度的骄傲和虚荣心，尽管他们会掩饰这一点。但是那些具有最强烈的骄傲和虚荣心的人，无论如何都要获取荣誉。因此大多数人都在自己摇摆不定的意识里认为自己具有某种优越的价值，在机会到来之前，在经受考验并且得到认可之前，他们都觉得自己遭受了可怕的不公①。但是普遍来讲，正如我在本章开头所讨论的那样，人们对他人评价的重视程度是完全失调的和反理智的，所以霍布斯②虽然评论这件事情的时候使用了非常激烈的言辞，但他也许是正确的："我们的愉悦来自于我们同他人进行比较，然后感到了自己的卓越之处。"（《论公民》）。由此可以解释清楚为什么人们普遍重视荣誉，为什么仅仅是希望得到荣誉就能够做出如此的牺牲：

> 荣誉是刺激，使清明的头脑飞升，
>
> （这是高贵的头脑最后的弱点）
>
> 蔑视欢愉并且过着劳碌的日子。
>
> ——弥尔顿③《卢西达斯》

---

① 我们至高的享受就是被人赞赏，然而赞赏我们的人即便有充分的理由，也很不愿意这样做。因此最幸福的人就是无论如何都能够真诚地欣赏自己的人。只要别人不去打扰他。——作者原注
② 霍布斯（1588—1679）：英国哲学家。
③ 弥尔顿（1608—1674）：英国诗人、政论家。著有长诗《失乐园》。

还有：

> 荣誉高傲的殿堂，
>
> 在远远的高处闪光，
>
> 要攀登是多么的艰难。

——贝蒂^①《吟游诗人》

  我们在这里终于解释清楚，为什么最虚荣的国家总是把"荣光"挂在嘴边，而且不假思索地将它看作壮举和著作的主要原动力。只是，不可争辩的是，荣誉只是次要的事物，只是功绩的回声、映像、阴影和象征，而且既然无论如何，值得赞叹的事物肯定都比赞叹本身更具有价值，那么令人幸福的实际上不是荣誉，而是能够得到荣誉的事物，也就是功绩本身，或者更准确地说，是能够带来荣誉的思想和能力，无论是以道德还是以智力的形式。因为每个人都肯定有必要为了自己表现出最好的一面。他在他人头脑中的影响和他所得到的他人评价都是次要的事情，只能够给他带来次等的利益。如果谁只是应当得到荣誉，但是没有得到荣誉，那么他也继续拥有首要的事物，他所缺乏的可以因此而得到安慰。因为并不是一个伟人在缺乏判断力、经常被蒙蔽的大众眼里的看法使他变得

---

① 贝蒂（1735—1803）：英格兰诗人和随笔作家。

令人艳羡，而是他本人的样子令人艳羡，最高的幸福不是后世对他的了解，而是他产生的思想值得保存几个世纪，被人追思。此外，这种幸福与他不可分割。这是"可掌握的"，另一种幸福却是"不可掌握的"。如果情况相反，赞叹本身是首要的事情，那么值得赞叹的事物就不具有价值了。虚假的，也就是名不副实的荣誉就是这种情况。这种荣誉的拥有者肯定在消耗这个象征、这个反光，却并不真正地拥有它们所代表的东西。但是甚至这种荣誉也不得不经常走向败坏，因为有时候，尽管所有人都出于自恋而进行自我欺骗，但是在他并不适合的高度还是会感到晕眩，或者是会觉得自己不过是一张假钞，然后被拆穿和得到应得的羞辱的恐惧就攫住了他，尤其是当他在智者的额头上已经读到了后世判决的时候。他就像通过一份伪造的遗嘱拥有了一份财产的人。最真实的荣誉就是后世的荣誉，它的对象永远不会知晓，但人们依然会认为他很幸福。他的幸福之处就在于拥有获得荣誉的伟大特质，也找到了充分施展的机会，成功地以适合自己的方式行事，或者从事欲望和热爱驱使他从事的工作。只有这样产生的作品才能够获得后世的荣誉。他的幸福也存在于他宽广的心胸和精神的丰富之中，这些东西在他的著作中表露出来，在之后的几百年里得到了赞叹。这种幸福也存在于思想本身，对这种思想进行追思是无尽的未来里最高贵的思想者们的工作和享受。后世荣誉的价值也在于实至名归，这就是它本身的报偿。作品是否能够在当下的时代取得荣誉取决于偶然的条件，因此意义不大。因为通常来讲，人们没有自己的判断，尤其是完全没有欣赏高雅和艰深成就的能力，因此他们总是听从外部的权威，而99%的盛名都仅仅建立在权威的可靠度和可信度上。因此同时代众说纷纭的声音对于思想者来说只有很低的价值，他们在其中永远只能听见很少几个声音的回响。此外，这些声音也是短暂的产物。如果一个小提琴手非常清楚他的听众除了一两个人都是聋人，他们为了隐藏自己的缺陷，只要看到那一两个人的手有动作就跟着热烈鼓掌，那么他还会觉得受到恭维了吗？甚至还有这种情况，如果他知道那一两个鼓掌的人经常被收买，为最悲惨的提琴手制造最热烈的掌声，那么又会怎么样！由此可以解释清楚，为什么同时代的荣誉很少能够转化成后世的荣誉。因此达兰贝尔[①]在他对文学殿堂的优美描绘中说："殿堂里全部是死者，他们生前并不住在这里，里面也有少数几位生者，几乎所有人在死后都要被抛出去。"我在这里顺便进行一句评论：在一个人在世的时候为他建立纪念碑，就等于宣布人们不信任他的后世荣誉。但如果一个人在生前就享受到了绵延后世的荣誉，那么这更容易发生在老年而不是早年。无论如何，这一规律在艺术家和诗人身上有所例外，但是在哲学家身上却很少有例外。从幸福学的角度看，这件事情也非常合理。荣誉和青春对一个终有一死的人来说太沉重了。我们的生命如此贫乏，应该仔细

[①] 达兰贝尔（1717—1783）：法国启蒙运动时期思想家和哲学家，参与《百科全书》的编纂。

分配它的赐予。青春本身就能自给自足，可以带来享乐。但是在老年，当所有的享受和欢愉都像冬天的树木一样枯萎以后，那么荣誉之树就会最合时宜地抽芽，就像一株冬青。我们也可以把荣誉比作冬天的梨子，在夏天生长，但是在冬天享用。在老年，没有比这美好的安慰了：我们将自己全部的青春力量倾注到了作品里，这些作品却不会随我们一起老去。

我们现在还要更仔细地考察一下在与我们最紧密相关的学科领域获得荣誉的途径，然后就可以得出以下规律。这种荣誉需要表现出优越的智力，通过新的数据整合产生成果。这些数据可能形式迥异，但是它们越是广为人知和唾手可得，那么通过整合数据获得的荣誉也就越大。例如，一些数字或者曲线的数据，或者某种特定的物理学、动物学、植物学或者解剖学方面的事实，或者某位古代作家缺失的作品段落，或是脱落缺字的铭文，或者历史上晦暗不清的一个节点，对这些资料的正确整合获得的荣誉不会超过这些资料的认识范围太远，也就是说，只有一小批过着隐居生活的人们和对他们专业领域的成就非常嫉妒的人们会知道这种荣誉。与之相反，如果是全人类都知道的数据，例如一些本质性的东西，所有人类理解力的非常普遍的特性，或是情绪的特性，或是我们一直在目睹其发挥作用的自然力量，或是我们都非常熟悉的自然进程，那么这种通过全新、重大且精确的整合获得的荣誉会像一道光一样播散，并且随着时间的流逝几乎传播到整个文明世界。因为这些数据是面向所有人开放的，大多数人也可以进行这样的整合。因此荣誉只和所克服的困难相吻合。数据越是广为人知，通过全新和正确的方式进行整合的难度就越大，因为已经有许多头脑尝试过无穷无尽的整合方式。与之相反，普通大众无法接触、只能通过努力的方式艰难掌握的数据几乎总是可以找到新的整合方式。因此，如果一个人有着清晰的理解力和全面的判断力，也就是说，有一定的精神层面的优越性，那么他就很有可能在这些领域做出全新的且正确的整合。只是由此获得的荣誉几乎和数据知识的界限相一致。解决这种问题需要大量的研究和工作——仅仅是为了了解到这些数据，而要获得最伟大和传播最广泛的荣誉，需要的数据却唾手可得。只是，解决问题所需要的工作越少，那么就需要越高的天分，甚至需要天才，考虑到价值和对价值的评估，任何工作和研究都无法与天才相比。

由此可以得出结论，那些察觉到自己具有扎实的理解力和正确的判断力的人们，如果不相信自己有极高的精神天赋，就不应该惧怕大量的学习和艰苦的工作。通过这些工作，他们才能够在广泛接触这些数据的人群中脱颖而出，抵达只有勤学者才能够抵达的偏僻领域。在这一领域，竞争者的数目大为减少，具有稍为突出头脑的人都会很快找到机会对所研究的资料进行一番新的和正确的组合。这种人发现的功劳甚至就建立在他克服了困难而获得了这些资料上面。但是他只能赢得同行的喝彩，仅仅赢来专业领域里的行家的喝彩，而广大的群众只能从远处听到这种喝彩。如果人们沿着这里指出的道路走到底，那么就会出现一个节点，获取数据本身就会成为巨大的困难，那么就不再需要整合，仅仅是获取数据都能够带来荣誉。这种贡献之旅会走向一个非常偏僻、人迹罕至的国度。人们会因为自己所看见的而不是所思考的得到荣誉。这条道路有一个很大的优势，也就是将自己的所见传达给别人比将自己的所想传达给别人要容易得多，在理解的层面上也是如此。因此前者也比后者拥有更多的读者。因为，正如阿斯摩斯[①]所说：

> 如果谁前去旅行，
>
> 谁就能讲述故事。

但与之相称的是，在亲自认识了一些这样的著名人士之后，我们就经常会想起贺拉斯的评论：

> 出海旅行的人，
>
> 改变了气候，
>
> 却没有改变灵魂。

——《书札》

---

① 阿斯摩斯（1740—1814）：德国诗人。

另一方面，那些头脑具有强大能力的人们只应该去解决重大的问题，也就是涉及普遍与整体，因此也是最为艰难的问题。这些人应该尽可能拓宽视野，但是永远要兼顾各个方向，而不是朝着某一个特殊的方向走得太远，迷失在只有少数人知道的领域里，也就是说，不要细究某种单一学科的专业问题，更不用说处理那些细枝末节的事情了。因为他没有必要为了躲避拥挤的竞争者而处理那些艰深的对象，而是应当把眼前的所有事物全都当作素材，进行全新、重要和实际的整合。这样他的功绩就能够得到所有知道这些数据的人们的珍视，也就是说，得到大部分人的珍视。诗人和哲学家获得的荣誉与物理学家、化学家、解剖学家、矿物学家、动物学家、语言学家、历史学家获得的荣誉有着巨大的差异，其原因就在于此。

第五章
建议与格言

我的目的并不是进行完整的论述，因为如果这样做的话，我就要重复所有时代的许多思想家都讲过的话语，从泰奥尼斯、所罗门王一直到拉罗什富科，这些话语里有一部分是非常出色的生活规范，但这样一来我就无法避免那些已经流传甚广的老生常谈。但不完整的论述也会导致缺乏大致上的系统性安排。不过我们还是可以自我安慰，如果以完整和系统的方式进行讲述，接下来的论述几乎就会不可避免地变得无趣。我只给出我想到的建议，只给出值得传递的建议，还有那些我记得还没有被说过、至少是还没有被完全论述过的建议，也就是说，我只是在这个无边无际的领域里，在其他人的贡献里再增添一笔罢了。

　　属于这一主题的观点和建议非常繁多，为了建立一定的秩序，我将它们分为总体建议、我们应如何对待自己、我们对他人应采取的态度、我们对于命运和世事的发展应持有的态度。

总体建议

第一节

　　我将亚里士多德在《尼各马可伦理学》(第 7 卷)中随口一提的一句话,视作生活智慧的最高原则:"理智的人寻求的不是享乐,而是没有痛苦。"或是"理智的人看重的是没有痛苦,而非享乐。"这句话所传达的真理在于所有的享乐和所有的幸福都是消极的,而痛苦才具有积极的特性。我在我的主要著作[①]第 1 卷第 58 章里已经给出了详细的说明和论证。但是我还想在这里运用一个每天都可以观察到的事实进行阐释。如果整个身体都健康完好,只有某个地方有一点受伤,或者是只有一个疼痛的地方,那么整体的健康就不会进入意识,注意力反而会始终集中在那个受伤部位的疼痛之上,生活中的全部舒适都会随之而消散。同样地,如果所有事情都随着我们的心意发展,只有一件事情违背了我们的意图,那么即便这件事情不太重要,我们也会始终惦记着它。我们频繁地思考这件事情,而不

---

① 此处指《作为意志和表象的世界》。

去想所有其他更为重要的顺心之事。在这两种情况之下，我们的意志都受到了影响，在第一种情况下，意欲客体化在人的机体里；在第二种情况下，意欲则客体化在人的渴求、愿望当中。这两种情况都让我们看清，意识的满足永远只能够起到消极的效果，因此无法直接被感受到，而是至多以反射的方式进入意识。与之相反，阻碍满足的因素却是积极的，因此会宣告自己的到来。每种享乐都仅仅是消除了这种阻碍，使意识得到了满足，因此只能够持续很短的时间。

也就是说，上面我所称赞的亚里士多德发现的规律向我们指出，我们的目光不应该瞄准生活中的享乐与舒适，而是应该尽量避免数不胜数的灾祸。如果这条道路不是正确的，那么伏尔泰的发言"欢愉只是一场幻梦，而痛苦是真实存在的"肯定也是假的，但它实际上是千真万确的。因此，如果谁想要以幸福学的视角衡量自己一生的成果，那么他就不应该计算他所享受过的欢愉，而是应该计算他所避开过的灾祸。是的，幸福学从一开始就教导我们，它的名字本身就只是一种委婉的说法，"幸福的生活"应该被理解为"不那么不幸的生活"，也就是可以容忍的生活。无论如何，生活实际上不是用来享受的，而是用来承受和克服的。有一些表达也证明了这一点，例如"勉强生活"和"克服生活"，还有意大利语的"如果能熬过这些事情"，德语的"我们必须想办法撑过去""他肯定会撑下来的"，等等。在老年时期，能够把生活中的工作抛到身后，的确是一种安慰。因此最幸福的命数就是一辈子没有经历过巨大的痛苦——无论是精神上的还是肉体上的，而不是经历过最强烈的欢愉和进行过至高无上的享乐。如果谁依据后者衡量他的一生是否幸福，那么他就选择了错误的评判标准。因为享乐永远都是消极的。享乐使人幸福是一种妄念，嫉妒心就会招致这样的惩罚。与之相反，我们感受到的痛苦是积极的。因此痛苦的缺席才是评判生活是否幸福的标准。如果能够达到一种没有痛苦也不会无聊的状态，那么这才是真正抵达了尘世间的幸福，而其他的都是虚幻不实的。由此可以得出结论，我们永远不应该通过痛苦来交换享乐，甚至只是冒着遭受痛苦的风险这样做也不行，否则，我们就是为了消极因而虚幻的事物付出了积极而且真实的事物。与之相反，如果我们牺牲享乐，避免痛苦，我们却能够有所收获。在这两种情况下，是痛苦紧随着享乐，还是痛苦先于享乐都是一样的。如果就像很多人做的那样，把痛苦的舞台变成一个寻欢作乐的地方，目标不是要尽可能地避免痛苦，而是得到享乐和欢愉，那么这就真是一个巨大的本末倒置的行为。如果谁以最为阴暗的目光，把这个世界视为某种程度的地狱，因此只想要为自己建立一座固若金汤的房屋，那么他犯下的错误也许还没那么严重。愚人追逐生活中的享乐，结果就是看到自己被欺骗；智者则竭力躲避灾祸。如果后者也遇到不幸，那么过错在于他的命运，不在于他的愚蠢。只要他拥有好运，他就不会被欺骗。因为他所躲避的灾祸是最为真实的东西。甚至如果他在这条路上走得太远，不必要地牺牲了一些享乐，那么实际上他也没有什么损失，因为所有的享乐都是虚幻的。而为荒废了享乐的机会感到惋惜才是狭隘的，甚至是可笑的。

对这一真理形成错误的认识导致了众多的不幸，而乐观主义促进了这种错误认识的形成。在我们摆脱了痛苦的时候，躁动不安的愿望就向我们反射出了根本不存在的幸福的幻象，引领我们追随它们。这样，我们就招来了毋庸置疑的真实痛苦。然后我们就抱怨失去了毫无痛苦的状态，那就像失去的乐园，被我们抛在身后，我们徒劳地希望这一切都从未发生过。就好像永远都有一个邪魔在引诱我们离开毫无痛苦的状态，走向欲望摇摇摆摆的幻象，而那无痛苦的状态实际上才是真正的至高幸福。年轻人会不假思索地相信这个世界是用来享受的，这个世界充满了积极的幸福，那些没有获得幸福的人只是欠缺掌握幸福的技巧。在这一点上，小说、诗歌和整个世界为了外在表现而进行的虚伪行为都强化了这个印象——我很快还会回过头来讨论这一点。按照这样的印象，人生就是一场对积极幸福的追猎，经过了或多或少的思考，而这种幸福主要应该由积极的享乐组成。在这个追逐的过程中必须冒很大的风险。因此这就成了一场对并不存在的野兽的狩猎，通常来说会遇到非常现实和积极的痛苦。这包括疼痛、苦难、疾病、损失、忧虑、贫困、耻辱和上千种灾难。幻灭总是来得太晚。但是如果反过来，遵循我们在这里考察过的规律，将生命的计划制订为避免苦难，也就是远离任何匮乏、疾病或者苦厄，那么这个目标就变得非常现实了。这指向了某种实在之物。此外，这个计划越少受到积极幸福幻象的影响，我们赢得的就越多。歌德在《亲和力》这本书里——这永远是非常实用的一本书——表达了相同的观点："如果谁想要摆脱灾祸，那么谁就总是知道自己想要什么，如果谁想要比现在更好的东西，那么他就是彻底盲目的。"这让我们想起了那句优美的法国谚语："更好是好的敌人。"是的，由此甚至可以引出犬儒主义的基本思想，我在我的主要著作的第2卷第16章里已经进行过分析。因为犬儒主义者抛弃所有的享乐，不正是因为觉得这些享乐或多或少地与痛苦捆绑在一起吗？对他们来说，避免痛苦比得到享乐远远更为重要。他们深深领会到了享乐的消极特性和痛苦的积极特性，因此他们始终不惜一切代价避免灾祸，在有必要的情况下也要蓄意鄙弃所有的享乐，因为他们在享乐中只能够看到陷阱，知道它会引领我们走向痛苦。

当然，正如席勒所说，我们都诞生在阿卡狄亚[①]。也就是说，我们走进世界的时候满怀着对幸福和享乐的要求，还有把它们付诸实践的愚蠢希望。通常来讲，命运很快就会粗暴地席卷我们、教育我们，说这一切并不属于我们，而是全部属于它，它拥有无可争辩的权利，不仅仅是对我们所有的财产和利润、妻子和孩子，甚至也包括我们的手臂和双腿、眼睛和耳朵，甚至还有脸部中间的鼻子。无

———————————

① 阿卡狄亚：指充满田园牧歌生活的地方。

论如何，在一段时间的经历之后我们就会看透，幸福和享乐仅仅是海市蜃楼，仅仅能从远处望见，一旦走近就会消失不见。与之相反，苦难和疼痛却始终都是现实的，直接降临，不需要幻象和期待。如果这种教训有所成效，我们就会停止追逐幸福和享乐，更加注意尽可能地避免疼痛和苦难。我们立刻就会意识到，这个世界能够赠予我们最好的东西就是一种无痛、平静、可以容忍的生活。然后，我们把自己的要求局限在这个范围内，这样就能够更有把握地达到这个目的。因为，为了避免变得非常不幸，最稳妥的方法就是不要企图变得非常幸福。歌德青年时期的朋友梅克就认识到这一点，因为他写道："我们对幸福的过度梦想摧毁了世界上的一切。如果谁摆脱了这一点，不再渴望比自己所拥有的更多的东西，那么他就能够撑下去。"（《与梅尔克的通信》）因此，我们应该适度降低自己对享乐、财产、地位、名声等的要求，因为正是为了幸福、荣光和享乐的追求和搏斗会通往最大的不幸。因此降低要求是明智和值得推荐的做法，因为我们很容易就会陷入非常不幸的状态。非常幸福的状态则相反，不是有点艰难，而是完全不可能。拥有生活智慧的诗人也进行了如此公正的歌咏：

> 中庸的价值堪比黄金，
>
> 首先，远离了荒僻的小屋，
>
> 其次，远离了众人嫉妒的

华贵的宫殿。

松树——被狂风摇撼，

高塔——轰响着倒塌，

山顶遭遇着雷霆。

————贺拉斯

　　但如果谁牢记我的哲学教导，便会因此知道我们的整个存在就是最好不要存在的事物，而至高的智慧就是否定和回避，那么谁就也不会对任何事物或者状态抱有着巨大的期待，不会热烈地追求世界上的任何事物，也不会抱怨他任何一项事业的失败，而是会谨记柏拉图的话"没有什么人和什么事，值得我们过分忧虑"（《理想国》)，我们也可以看到：

如果你失去了一个世界的财富，

不要为此伤心，这算不了什么。

如果你得到了一个世界的财富，

不要为此高兴，这算不了什么。

痛苦与欢乐都会过去，

都会经过这个世界，都算不了什么。

————安瓦里[1]《苏哈里》

---

[1] 安瓦里（1126—1189）：波斯颂诗作者，参见《萨蒂斯·古利斯坦箴言集》。

但这种具有治愈效果的观点尤其令人难以接受，这正是因为我已经提到过的世界的虚伪。我们在青年时期就应该尽早地发现这一点。大部分壮美都只是表象，就像剧院的装饰一样，并不具有事情的本质。例如装饰着彩旗和花冠的帆船，加农炮齐射，彩灯，号角声、击鼓声、欢呼声和尖叫声等都只不过是表面的招牌，是一种暗示，是欢乐的象形文字。但是在大部分情况下，欢乐本身是缺席的。它拒绝出现在庆典之上。如果我们真的能够找到欢乐，那么一般来讲，它也是不请自来的，"毫不张扬"。是的，悄悄到来，时常在微不足道、平凡寻常的场景下出现，在最日常的环境下出现，却更少出现在那些辉煌显赫的场合。它就像澳大利亚的金矿，分散在各地，没有任何规律和法则，找到它们出于偶然，大部分情况下只是一小块、一小块地出现，非常偶尔地大量出现。上面提到的所有表象的目的则全部正相反，都是让他人相信这里的人很快乐。而他人头脑里的这个假象就是其目的所在。在这一点上，没有什么比悲伤和欢乐更相似的东西了。那长长的、缓慢的送葬队列显得多么忧郁！车队一望无际。但是看一看里面，它们都是空的，死者实际上只是被这个城市的全体马车夫送到了墓地。这一幕栩栩如生地向我们讲述着这个世界的友谊和尊重！这也就是人类活动的虚假、空洞和伪善所在。另一个例子是许多客人穿着节日的盛装应邀前来，得到隆重的接待，看起来是一个高贵的上流社交圈，但实际上，他们通常只会感到强制、痛苦和无聊。因为宾客众多的地方就会有很多的流氓，就算他们的胸前都挂着勋章。真正良好的社交圈在哪里都一定是非常狭小的。而一般来说，华丽喧嚣的庆典和宴会永远都非常空虚，甚至在内部存在着某种不和谐，因为这与我们苦难和匮乏的存在格格不入，也因为这种反差强调了真相。但是从外表上看，这些宴会却发挥了效用。这就是目的。尚福尔说过一句很美妙的话："我们的时尚，所谓的社交——聚会和沙龙是一幕悲惨的戏剧，是一部糟糕的歌剧，毫无趣味，依靠机械、服装和装饰维持。"现在的学术圈和哲学界也是如此，不过是一些招牌，是智慧的外在表象。但在大部分情况下，智慧都拒绝它们，而在其他地方现身。教堂钟声、神父服饰、虔诚的表情和滑稽的举动都是招牌，是虔诚的表象。因此世界上几乎所有的一切都是空空如也的果壳。果核本身非常罕见，果核藏在果壳里的时候更为罕见。要去别处寻找它，而且在大部分情况下只能依靠偶然寻得。

第二节

当我们评估一个人的状态是否幸福的时候，我们不应该询问他的享乐状况，而是应当询问他的烦心事。因为他的烦心事越少，他就越是幸福。如果他可以感受到一些微不足道的小烦恼，那就是因为他生活得非常幸福。我们在不幸之中根本就无法察觉这种小小的烦恼。

第三节

　　我们要谨记不要提出太多的要求，因为如果这样做，生活中的幸福就建立在一个广泛的基础之上。建立在这样基础之上的东西最容易坍塌，因为出现意外的机会多了很多，而且意外是不可避免的。因此从这个角度考虑，我们的幸福大厦如果建筑在广泛的基础之上，那么它就是最不稳固的。因此，避免巨大不幸的最稳妥的方法就是考虑到我们的条件和能力，尽可能降低我们的要求。

　　一般来说，无论以何种方式，过于长远的规划是最常见也最愚蠢的行为。因为这样的规划要求得享天年，但只有少数人能够做到这一点。有时候，即便一个人活的足够长，但是相比于他自己的计划也还是太短了，因为实施计划总是需要比规划的更多的时间。此外，就像所有人类的事业一样，这些计划在实施的过程中也会遇到许多失败和阻碍，很少能够达到目标。最终，即使所有的目标都已经达成，时间本身也会让我们自身产生变化，而这一点可能是我们不会注意到和考虑到的问题。也就是说，我们没有考虑到，我们不会在一生中都保持着我们创造和享受的能力。因此我们经常会为了得到某些事物而工作，最终得到的时候它却已经不适合我们了。或者我们为了一项工作进行长年累月的准备，在此期间，准备工作就不知不觉地剥夺了我们的执行力。这种情况经常发生，也就是我们经历了漫长的努力和大量的风险之后赢得了财富，却不再能够享受财富，只是为别人白干了一场。或者我们经过长年的努力最终得到了目标岗位，但却已经无力胜任。这些事物走向我们的时候已经太晚了。或者说，我们得到它们的时候已经太晚了。也就是说，我们做出了成就，创造出了产物，但时代的品位已经改变了，新的一代人已经成长了起来，对这些事业不感兴趣；另一些人走了捷径，赶在了我们前面。贺拉斯的这些话就包含了这方面的意思：

为了完成不了的永恒计划，

损耗你的灵魂吗？

诱使我们犯下这一经常性错误的原因是我们的思想之眼产生了不可避免的错觉。由于这一错觉，从人生的开始放眼前看，生活显得一望无尽，但是，当人们走到了人生旅程的终点回眸审视一生时，生命却又显得相当的短暂。当然，这种错觉也有它的好处。因为如果人没有这种错觉，伟大的事情就很难产生。

一般来讲，我们在生活中就像是一个漫游者，当我们走近一个对象，它的样子就立刻变得和我们从远处望见的不一样了。我们的愿望更是如此。我们经常会发现我们得到的东西不是我们所寻求的——甚至我们会得到更好的东西。我们经常在一条道路上一无所获，但是在另一条完全不同的道路上却找到了我们所寻求的东西。我们经常会寻求享乐、幸福和欢愉，得到的却是教训、洞察和认识，一种持久的、真正的福祉，而不是转瞬即逝的表面的好处。这也是《威廉·迈斯特》这部小说的思想基调，因此这是一本智力小说，属于更高的艺术类别，地位高过其他小说，甚至高过沃尔特·司各特的小说，而司各特所有的作品都只是伦理学层面的，也就是说，只是从意志的角度来描写人类的天性。《魔笛》[①]这部怪诞却意味深长且意蕴丰厚的象形文字般的作品所表达的主要思想也是这一点，宏伟的粗线条队列和剧院装饰成了这一思想的象征，如果在结尾的地方，塔米诺想要占有塔米娜的愿望消散了，变成了仅仅要求进入并且停留在智慧的圣殿里的愿望，这一点就表达得更完美了。与之相反，作为必要的对照组，帕帕格诺得到他的帕帕格娜倒是理所应当。杰出和高贵的人们很快就会领悟到命运的教导，顺从地说服自己感激命运。他们看得出来，在这个世界上，我们能够找到教导，但是找不到幸福，因此习惯并满足于用希望换取洞见，最后他们会和彼特拉克[②]说：

除了学识，没有其他的幸福。

甚至当他们在某种程度上追随着欲望和渴求并听任其摆布的时候，那也仅仅停留在表面上，他们实际上在内心中保持着肃穆，仅

①《魔笛》：奥地利作曲家莫扎特创作的一部歌剧。
② 彼特拉克（1304—1374）：意大利诗人，人文主义先驱之一。

仅期待着教导，这使得他们染上了某种沉思的、天才的、卓越的色彩。在这种意义上我们也可以说，他们就像那些炼金术士，找寻的只是金子，却发明了火药、陶瓷，发现了医药，甚至是大自然的法则。

我们应如何对待自己

第四节

就像参与修建一座建筑的工人不知道整体计划，或者不会总是在思考这个整体计划一样，人类在忙于度过自己的每一天和每一小时的时候也不知道自己整体的生活轨迹及其特征。这种生活轨迹越是庄严、越是富有意义、充满计划和独一无二，就越是有必要时不时地注意到这种计划的缩略纲要，这对这个人来说也越有好处。当然，为了达到这一点，他需要稍微开始"认识自己"，清楚自己实际上是什么人，他主要想要的和首先想要的是什么，也就是说，对他的幸福来说最重要的是什么，然后就是排在第二位和第三位的是什么。他也应该从总体上认清他的天职、他的角色和他与世界的关系。如果这一切都富有意义，具有宏大的形式，那么在狭义上，看清自己一生的计划便能比任何事物都能够使他变得强大、正直、振作，鼓励他采取行动，避免走上歧路。

就像漫游者如果到达了一个高地，就会以整体的角度回顾和认识到自己走过的所有弯路，我们也只有到了我们生命一个阶段的尽头或者甚至是整个生命的尽头才能够真正看清我们的行动、贡献和作品的联系，看清它们确切的前因后果和链条关系，甚至也才能够看清它们的价值。因为只要我们还置身事内，我们就只能依照我们性格中最稳固的特征形式，受到动机的影响，受到我们能力的限制，也就是说，我们在每一瞬间都仅仅做着我们当下认为是正确和恰当的事情，而这一切都具有必然性。只有成果才能够显示出发生了什么，只有对整体关联进行回顾才能够显示出这些是为什么和这些是如何做到的。因此，当我们完成伟大的壮举或者是创作了不朽的著作的时候，我们自己并不知道这一点，而是仅仅在做对我们当下目标来说是适宜的事情和符合我们当时意图的事情，也就是说，当下恰恰是正确的。但只有当整体关联在之后显现出我们的性格和能力的时候，我们才会看出来，我们在处理某一件事情的时候就好像受到了天启，在千万种歧路中选中了唯一正确的道路，我们仿佛受到了守护神的引领。这在理论和实践的领域都是适用的，反过来，对于我们所做的恶劣事情和蒙受的失败也是一样。

第五节

生活智慧的一个要点就在于形成正确的关系，因为我们把一部分注意力留在当下，把另一部分注意力献给未来，我们不能使其中一方败坏另一方。许多人——也就是那些轻率的人们——过度地生活在当下，另一些人——也就是那些恐惧的和担忧的人们——过度地生活在未来。很少有人能够精准把握正确的尺度。那些努力并希望仅仅生活在未来的人永远目视前方，不耐烦地等待着即将来临的事情，好像这些事情才能够给他们带来真正的幸福，但是他们却忽视当下，完全没有享受就匆匆地度过当下。尽管他们的手段非常精明，他们却和意大利的驴子一样，人们在它的头上插一根绑着一束干草的棍子，它就加快了步伐，它永远看到干草近在眼前，希望得到它。他们终其一生都在自欺欺人，永远只是"暂时地"活着，一直到死。也就是说，我们不应该一直在为未来做计划、感到忧虑，也不应该始终献身于我们对过去的热望，而是永远也不该忘记，只有当下才是真正的和唯一确切的东西。未来几乎总是和我们所想的有所不同，甚至过去也与我们记忆中的样子有所不同，因此这两者在总体上看都没有它们在我们眼中那么重要。因为遥远的距离可以使对象在眼睛里缩小，在思想里放大。只有当下才是真实的、真正的。它是真正充实的时间，我们的存在仅仅属于当下。因此我们应该始终都快乐地接纳当下，有意识地享受所有可以忍受的、没有直接烦恼或者痛苦的时刻，也就是说，不要因为过去落空的希望，也不要因为对未来的忧虑就变得愁眉苦脸，从而扰乱当下。出于对过去的懊悔和对将来的担忧而扰乱或者任性地败坏当下是一件非常愚蠢的事情。忧虑甚至是懊悔可以用于某个特定的时间，但在这之后我们就应该这样思考已经发生的事情：

无论事情有多么悲痛，

我们必须让过去的事情过去。

——荷马《伊利亚特》

应该这样对待未来的事情：

未来的事情在众神的安排之中。

——荷马《伊利亚特》

与之相反，我们应该如塞内加所言对待当下："每一天都应被视为一生。"尽可能愉快地度过这段唯一真实的时间。

只有那些未来一定在某一个确切日期到来的灾祸才应该使我们感到不安。但是这种情况很少。因为灾祸要么就是可能到来的，无论如何都具有可能性，要么就是不可避免的，但它们发生的时间是不确定的。如果我们为这两种灾祸做准备，那么我们就不会有片刻安宁了。也就是说，如果想要避免我们生活中的安宁完全被不确定和不定时的灾祸毁掉，我们就不得不习惯把灾祸视为永远不会发生的事情和肯定不会马上发生的事情。

但内心的安宁越少受到恐惧的控制，它就越容易因为愿望、渴念和要求而变得躁动。歌德备受喜爱的诗句"我不把我的事业寄希望于任何因素"说的其实就是，只有当人挣脱了所有可能的要求，返回赤裸、冰冷的存在本身的时候，他才能够得到精神上的安宁。而人类的幸福就以此为基础，因为要享受当下甚至是整整一生，这种安宁是必不可少的。为了这个目标，我们应该始终谨记，今天只会到来一次，一去不复还。我们会以为它明天还将到来，但明天已经是另外一天了，也只会到来一次。我们忘了每一天都是必不可少的，因此都是生命中不可代替的一部分；我们只是把它视为生命所包含的事物，就像一个普遍概念下面的单一事物。无论如何，如果我们在顺畅和健康的日子里始终意识到，如果我们在患病或者烦扰的时候回忆起那段没有病痛、没有困苦的时日，感到无限的艳羡，觉得那是失去的乐园，是错失的朋友，我们就会更珍惜当下、享受当下。但我们心不在焉地荒废了我们的美好日子。直到艰苦的日子到来，我们才希望时光倒流。千百个愉快、舒适的时辰就这样被我们面带愁容地掠过了，我们还没有怎么享受它们，只能够在之后阴郁的日子里，怀着徒劳的渴望为它们发出叹息。我们不应该这样，而是应该珍惜我们每一个可以忍受的当下、包括我们如此无动于衷地掠过甚至迫不及待要打发掉的日常，永远记得它们正在流逝成为神话般的过往，此后就笼罩着永恒的光芒，保存在记忆里，等到以后，尤其是到了艰难的日子，记忆就会拉开帷幕，成为我们内心渴望的对象。

第六节

　　所有的限制都能够使人幸福。我们看到、影响和接触的圈子越小，我们就越是幸福。我们的圈子越大，就越是容易感到深受折磨，或者是备受惊恐。因为忧虑、愿望和惊恐都随着圈子扩大。因此甚至盲人也并不一定像我们的"先验"所显示的那么不幸，这可以通过他们脸上那种温柔的、几乎是愉快的宁静得到证明。而且部分是因为这个规律，我们的后半生比前半生显得更悲哀。因为在生命的轨迹中，我们的目标和关系的地平线总是在延展。在孩提时代，我们的关系仅限于最为亲密的环境和最为狭窄的关系；在青年时代，关系已经明显扩大了；在成年时代，我们的整个生命轨迹，甚至最遥远的关系都时常被纳入我们的关联，例如不同的国家和民族；在老年时代又加上了下一代。与之相反的是所有局限，甚至是精神方面的局限都能够促进我们的幸福。因为意志受到的刺激越少，痛苦也就越少。我们已经知道，痛苦是积极的，幸福只是消极的。影响圈的限制减少了意志受到外在活动的刺激，精神的限制减少的则是内在活动的刺激。只是后者有一个缺点，也就是它打开了无聊之门，而无聊正是无数痛苦的间接根源。人们为了驱逐无聊无所不用其极，也就是娱乐、社交、奢侈、赌博、酗酒等行为，这带来的是各种各样的损失、毁灭和不幸。"无所事事的人很难平静下来。"与之相反，外在的限制越多，就越是能够促进人类的幸福。

这种限制甚至是必要的，我们可以从一种仅仅描绘幸福之人的诗体即田园诗中看出这一点——它们永远都在本质上展现出极度受限的处境和环境。我们在观看所谓的"风俗画"的时候感到愉悦的原因也就在于此。因此我们的关系应该尽量简单，甚至过上单调的生活，只要不会产生无聊，就会得到幸福。因为这样我们就会更少地感受到生活本身，以及随之而来的本质性的重负。这样生活就像溪水奔流，没有波澜与旋涡。

第七节

我们的快乐与痛苦归根结底来自于我们的意识有多么充实和忙碌。总体来说，纯粹的智力活动能够给具有精神能力的人带来比成败变幻不定的真实生活更多的东西，也可以免于真实生活的震撼与折磨。当然，这需要突出的精神能力。因此，需要注意的是，就像外部的实际生活会使我们分散对研究的注意力，夺走我们精神所需要的安宁和专注，从另一方面看，持续的精神活动也会多少导致我们在现实生活的繁忙和嘈杂中束手无策。因此我建议，当我们需要全身心地从事实践活动的时候，我们应该暂时中止精神活动。

第八节

为了过上完美的沉思生活，并且从中得到自己的经验教训，我们就要经常概括总结自己的经历、作为、体验和感受，将以前的判断和现在的判断、自己的目标和追求与已经得到的结果还有满足感进行对比。这种私人的重复可以形成一种经验。一个人的经验也可以被视为一种文本，而反思和认识是这份文本的注解。许多反思和认识配上很少的经验就像一份只有两行的文本配上四十行的注解。许多经验配上很少的反思和低劣的认识就像"双桥"①丛书，没有注解，许多地方都难以理解。

这里提出的建议可以和毕达哥拉斯的一条法则类比，也就是晚上在入睡之前应该回顾一下自己这一天做了什么。如果谁在繁忙和享受的喧嚣中就这么生活下去，没有反思过自己的过去，只是不断地捶打着他的生活，完全丧失了清晰的沉思能力，那么他的情绪就是一片混乱，他的思想也肯定会出现错误，很快，他的言谈就会展现出他的唐突和他的支离破碎，就像一团切碎的肉一样。一个人受到外界不安的影响越大，留下了越多的印象，自己精神层面的内在活动就越是贫乏，那么这种情况就越是容易发生。

由此，我们可以做出评论，值得一提的是经过较长的一段时间以后，虽然这些事情发生时影响过我们，我们却再也无法唤起和重温当时被这些事情所激发的情绪和感觉，但却可以回想起当时由这些事情所引发的意见和看法。后者是当时的状况的结果和表述，是测量那些事情发生情景的尺度。因此，对那些值得回味时刻的记忆

---

① "双桥"：1779 年左右在德国出版的一系列希腊语、拉丁语和法语经典著作。

和记录，应该小心保存下来。在这一方面我们的日记会很有帮助。

第九节

满足自己，完全生活在自身之中，可以说出"我承担全部自我"，绝对是我们幸福最需要的特质。因此，亚里士多德的箴言"幸福就是自我满足"，（《优台谟伦理学》）才被反复提及。从本质上讲，这个思想也是尚福尔那句话的另一种表达，我将这句话作为人生格言。这部分是因为一个自信的人除了自己没有办法指望任何人，另一部分是因为社交所带来的问题和后果、危险和压抑是无穷无尽和难以避免的。

所有在广大世界里通往幸福的歧路都引向狂欢。因为它的目的是将我们悲惨的存在变成一系列的欢乐、享受和娱乐，这样并不能避免幻灭。此外，这一切还伴随着人们之间相互的谎言①。

首先，所有的社交都必然需要双方的协调和容忍。因此社交圈子越大，就越乏味。只有当一个人独处的时候他才能够长久地保持他自身，也就是说，谁不爱孤独，谁就也不爱自由。因为只有当一个人独处的时候，他才是自由的。所有的社交圈都具有一个难以避

---

① 就像衣服遮盖着我们的身体，谎言也遮蔽了我们的精神。我们的话语、行动，我们的整个本质都带有欺骗性。只有透过这层外壳，我们才能够偶尔猜出其他人的真实想法，就像透过衣服揣测身体的形态一样。——作者原注

免的缺点，那就是具有强制性，所有的社交圈都需要牺牲者，而一个人自己的个性越是内涵丰富，就越是难以做出牺牲。因此每个人自身的价值就取决于他逃避、忍受或者喜爱孤独的程度。因为在孤独之中，可怜人会感受到自己全部的悲惨，拥有伟大的精神的人却会感觉到自己的全部伟大，简而言之，每个人都会感受到自己的本来面目。此外，一个人在自然界中的等级越高，他就越是孤独，尽管孤独是本质性的和不可避免的。如果肉身的孤独与精神的孤独相符，那么这会对他有好处。否则，和本质相异的人频繁往来会扰乱他，而且并不会给他带来任何补偿。自然在人类之间设置了最大的差异——无论是在道德方面还是在智力方面，而社交对此视而不见，认为所有人都是一样的，或者不如说，社会地位等人为造成的差异反而经常胜过自然的差异。在这种秩序中，在自然中等级低下的人却能够过得很好，少数在自然中位居高位的却过得不好。因此后者忙于逃离社交，因为只要社交圈子变得人数众多，平庸就会居于统治地位。伟大的精神在社交活动中会受到伤害，正是因为这里权利平等，不同能力的人都能够提出要求，都能够做出成就。所谓的上流社交圈承认各种形式的优势，就是不承认精神层面的优势，甚至抵制这方面的优势。这种所谓上流的人们还因此而要求我们对所有的愚蠢、蒙昧、倒退、笨拙表现出无穷无尽的耐心，与之相反，具有个人优势的人们反而要祈求原谅或者是掩藏自己的优势，因为精神层面的优越仅仅是存在就伤害了他人，尽管并不是有意的。因此所谓的上流社交圈不仅仅有把我们不可能赞赏和喜爱的人们推到我们的面前这个缺点，还出于与他人和谐相处的缘故，压抑甚至干脆就玷污我们。富有精神的人的交谈或者观念只属于富有精神的人的社交圈。一般人恰恰憎恨的就是这种社交圈，所以要取悦这些人，显然有必要变得平庸和狭隘。因此，在这样的"上流"社交圈里，我们不得不怀着强烈的自我否认的倾向，放弃大部分自我，只不过是为了变得与他人相似。为此，我们当然可以获得其他东西。但是一个人的价值越高，就越容易发现这么做实在是得不偿失，会觉得这桩生意的负面影响太大。因为通常来讲，人们都非常无能，也就是说，在与他们交往的过程中，我们无法不受到他们的无聊、抱怨和不适的影响。因此，大部分社交圈都是这样组成的，如果谁用它换来了孤独，那么谁就做了一桩不错的交易。此外，因为真正的、精神层面的优越不被社交圈所容忍，也很难找到，所以为了替代它，人们就发明了一种虚假的、传统的、建立在任意条件之上的典型的优越等级，就像一种口号，随时都可以更改：这就是所谓的"上流基调"，所谓的"上流的格调、时尚"，但是一旦和真正的优越碰撞，它就会显露出弱点来。此外，"当上流的格调到来时，良好的理智也就隐退了。"

普遍来讲，每个人都只能和自己保持着完美的和谐，不是和他的朋友，也不是和他的恋人。因为个性和脾气之间的区别一定会引发某种不协调，尽管有时候程度很轻微。因此内心真正的、深刻的平静就在于完美的安宁心绪，这是尘世间仅次于健康的珍宝，只能在孤独之中寻到，只有最严格的退隐生活才能够使这种心态持久。这样一来，如果一个自身既伟大又丰富，那么他就可以享受能够在这个可怜地球上找到的最为幸福的状态。是的，我们从中可以得出结论：友谊、爱情和婚姻能够把人们如此紧密地连接在一起，但是非常诚恳地讲，每个人到最后都只能够与自己相处，最多还能够与他的子女相处。无论出于客观还是主观的条件，一个人越少需要与他人接触，他就过得越好。孤独和荒芜并非一无是处，就算无法感到，也可以一眼看透。与之相反，社交却充满了阴险。它娱乐、消遣、群体享受的表象下面往往是无药可救的灾祸。青年时期的首要学习内容应该是忍受孤独，因为孤独是幸福、是安宁心绪的源泉。由此可以得出结论，最好仅仅指望自己，在一切事物中感受自己，甚至西塞罗也说："一个仅仅依靠自己，一切存在都属于他自身的人不可能不幸福。"（《斯多葛学派的悖论》）此外，一个人自身拥有的越多，别人能够给他的东西就越少。某种特定的完全充实的感觉使这些拥有丰富内在价值的人们不想要寻求社交，更不用说进行明显的自我否定了，因为普通大众会把他们当作重要的牺牲品。与之相反，普通人却如此合群和协调。也就是说，他们觉得忍受他人比忍受自己更容易。此外，在这个世界上，真正具有价值的事物没有受到重视，受到重视的事物又没有任何价值。每个有尊严的和杰出的人都会退隐，这就是证据。因此，如果一个人在必要的情况下限制自己的需求，只是为了保存和扩展自己的自由，这个人就有了某种自身的权利，因此，这样一个人就算不得不和人类世界保持关系，也会尽可能地离群索居。

从另一方面看，使人合群的是缺乏承受自己内心孤独的能力。内心的空虚和压抑驱使他们去社交，就像驱使他们去异国旅行一样。他们的精神缺乏弹性，没有办法自主活动。于是他们通过饮酒来寻求刺激，许多人因此而酗酒。正因如此，他们始终都需要外在的刺激，也包括最强烈的，也就是说，来自他们同类的刺激。没有这种刺激，他们的精神就会因为自身的重量沉坠，塌陷萎缩成一具压抑的行尸走肉①。我们可以说，每个人都只拥有人类理念的一小部分，因此需要许多其他人的补充，以便获得某种完整的人类意识。与之相反，一个完整的人、一个卓越的人本身就是一个整体，不是

①　众所周知，如果共同承担灾祸，灾祸就会因此而减轻。对这些人来，灾祸就是无聊，因此他们聚在一起，一起陷入无聊。正如对生活的热爱从根本上看只不过是对死亡的恐惧一样，人类的社交活动从本质上看也不是直接的渴望，也就是并不是建立在对社交的喜爱之上，而是建立在对孤独的恐惧之上。他们并不是寻求他人愉快的在场，更确切地说，他们是在逃避独处的荒芜与压抑，逃避自己意识的单调。因此他们不得不选择恶劣的社交圈，承受必然会经历的厌恶与强迫。但是如果相反，这种反感战胜了一切，那么他们就会习惯孤独，使得自己面对孤独的直接印象得到了强化，那么孤独就不会再产生上述的显著效果，这样一来，人们就可以在独处的时候感到更加舒适，不会渴望社交，因为这种需求并不直接，另一方面，人们在这个时候也习惯了孤独的好处。——作者原注

某一部分，因此他拥有自己就足够了。在这种意义上，我们也可以把那些普通的社交圈比作俄罗斯兽角乐器，每个兽角都只能发出一个音调，通过所有乐器的准确合拍才能够制造出音乐。因为就像这种只有一个声调的兽角，大部分人的思想和精神是如此的单调。从他们中间的许多人身上就可以看出来，他们好像永远只有一个一成不变的思想，没有能力思考别的事情。也就是说，由此不仅仅能够解释清楚他们为什么如此无聊，也能够解释清楚他们为什么如此合群，最喜欢成群结队地行动。这就是人类的群居特性。他们自己本质的单调使得他们无法容忍自己："愚人饱受愚蠢之苦。"他们只有聚在一起，通过联合才能够算得上某种东西，就像那种兽角一样。与之相反，精神丰富的人可以与一位能够进行独奏音乐会的乐手相比，或者与一位钢琴家相比。他自己就是一支小型乐队，他自己就是一个微型世界，其他人需要合作产生影响，他却能通过自己意识的整体产生影响。就像钢琴，并不属于交响乐的一部分，而是独奏也可以形成一个整体。如果钢琴要和乐队一起演奏，那么钢琴就只能作为主调得到伴奏。或者就像声乐里定调的钢琴。如果谁喜欢活在社交圈里，谁就可以从这个比喻里提炼出一条规律，也就是一个在交往过程中欠缺质量的人只能通过数量来得到弥补。有一个精神丰富的人与之交往就足够了。但是这种人难以被一般人寻得，那么把许多普通人凑到一起倒是不错，这样就可以通过多样性和共同作用产生某种成果——参见兽角音乐的比喻。希望上天赐予他们耐心。

但是，这些人内心的空虚和渴求也会导致一个结果：当一些更为出色的人为了一个高尚的理想目标小心翼翼地组成一个团体的时候，几乎最后总是会被这种庞大的、细菌一样挤满各处的"普罗大众"所入侵，因为他们力图在任何情况下都抓住能够帮助他们摆脱自己的无聊的机会。他们中的一些人会潜入或者挤进这种团体，然后要么是立刻就摧毁整个事业，要么就是改变这种事业，使得它与自己的初衷背道而驰。

　　此外，人们也可以把这种群居性视为人类在精神层面的互相取暖行为，就像在严寒天气人们挤在一起以身体取暖一样。只是如果谁有许多的精神热量，谁就不需要和别人挤在一起取暖。读者可以在我的代表著作第 2 卷的最后一章中找到我创作的一个寓言。一个人对社交的热衷程度大致与他的智慧价值成反比，"他非常不合群"几乎就是在说"他是一个拥有伟大个性的人"。

　　孤独能够给智力出众的人带来两种好处：首先，他可以成为自己；其次，他无须和他人共处。如果我们想一想每一种交往能够给自己带来的强制、怨言和对自我的危害，那么我们就会觉得后者具有很高的价值。拉布吕耶尔说道："我们所有的不幸都是因为我们无法独处。"社交属于一种危险的甚至使人堕落的倾向，因为我们接触的人大部分都道德败坏、智力低下、扭曲变态。不合群的人就是不需要这些人的人。他自己拥有这么多的东西，不需要社交，这已经是巨大的幸运了，因为我们几乎所有的磨难都来自于社交，而我们精神的宁静，这种对我们的幸福而言仅次于健康的至关重要的元素就会因为社交受到威胁，因此没有适度的孤独就没有精神的宁静。精神的宁静所带来的幸福，正是犬儒学派哲学家放弃财产的目的。谁出于同样的目的放弃了社交，谁就选择了最为明智的方式。贝纳丹·德·圣比埃①曾经准确而优美地表达过："精简饮食可以维持健康，精简社交可以维持安宁。"所以，如果谁及时地学会了与孤独友好相处，甚至是爱上了孤独，那么谁就获得了一座金矿。但肯定不是每个人都能够获得这座金矿。因为困厄在一开始就驱使着人们聚集在一起，在消灭了困厄之后，无聊又使人们重聚。如果没有这两者，人们可能可以独处，尽管独处的原因只能是每个人都觉得自己很重要，甚至是独一无二的。每个人在自己的眼里就是这样，而他们在拥挤的世界里每走一步，每面临一次痛苦的"否定"，就会化为蝼蚁。从这个意义上讲，孤独甚至是每个人的自然状态，它使每个人都回到了亚当的状态，回到了原初，回到了与自己天性相符的幸福之中。

但是亚当也的确没有父亲和母亲！因此从另一种意义上讲，人类的孤独也是不自然的，至少在他来到这个世界上的时候，他不是独自一人，而是置身于父母和兄弟姐妹之间，也就是置身于一个共同体之中。因此，对孤独的喜爱并不是一种原始的倾向，

① 贝纳丹·德·圣比埃（1737—1814）：法国作家、植物学家，著有小说《保尔和薇吉妮》等。

而是某种经验与深思熟虑的产物。此外，随着自身精神力量的发展，同时也随着年岁的增长，这种喜爱也会不断增进。因此，总体来看，一个人的社交活动与自己的年龄成反比。小孩子只要被独自抛下几分钟，就会感到惊恐，发出悲惨的哭喊。独处对少年人来说是一种莫大的惩罚。青年人很容易成群结队，只有他们中间较为高贵和较为深思熟虑的人才会偶尔寻求孤独，但是独处一整天对他来说还是非常困难。与之相反，成年人会觉得这很容易。他可以独处很长时间，年纪越大，能够独处的时间就越长久。老年人的同龄人都已经逝去，独自留在世界上，要么对生活中的享受已经淡漠，要么就是已经完全失去了这些享受，他们会发现孤独是自己真正的组成元素。但是在个人的层面，一个人越是倾向于离群和孤独，他的智力价值就越高。因为这种倾向就像我们已经说过的那样，并不是纯粹自然的倾向，并不直接来自我们的需求，更确切地说，它只是经验和反思的产物，也就是说，在洞察了大部分人悲惨的道德和智力处境之后的结果，在最糟糕的情况下，在个体的身上，道德和智力的不完善彼此共谋，携手同行，由此产生了最令人反感的现象，我们与大多数人的交往都会因此而变得不愉快，甚至是不可忍受。因此，尽管这个世界具有许许多多恶劣的事情，但是最恶劣的事情还是会发生在社交的过程中。就连那个合群的法国人伏尔泰也不得不说："世界上充满了不值得我们与之交谈的人们。"温柔的彼特拉克也为自己对孤独强烈而固执的偏爱说出了同样的理由：

我始终在寻求孤独的生活，

河流、田野和森林会告诉你们，

我在逃避那些渺小的浑噩灵魂，

避开他们找到光明的道路。

在他优美的《论孤独的生活》一书中，他在同样的意义上对这件事情进行了详细的论述，这本书似乎就是齐默尔曼的知名作《论孤独》的范例品。尚福尔也用他嘲讽的方式表达出了这种不合群的次要且间接的原因，他说道："人们谈论一个独自生活的人的时候，会说他不喜欢社交。这就好像是说一个人不喜欢深夜在邦迪森林①里散步一样。"无独有偶，萨迪②也在《蔷薇园》里说道："从这一刻我们就告别了社交，走上了孤绝的道路。因为孤独使人安全。"温柔而具有基督精神的安格鲁斯·西莱修斯③也以智慧和神秘的语言表达了一样的道理：

希律王是敌人，上帝在约瑟夫的睡梦中，

---

① 邦迪森林：位于巴黎市郊的一片森林，以危险著称。
② 萨迪（1208—1291）：中世纪波斯诗人，以抒情诗闻名。
③ 安格鲁斯·西莱修斯（1624—1677）：德国医生、牧师、神秘主义诗人。

（精神中）让他知晓了危险。

世界是伯利恒，埃及是孤独。

逃吧，我的灵魂！逃吧，否则你会痛苦地死去。

在同样的意义上，布鲁诺①也表达过这一点："在这个世界上，想要过神圣生活的人们都异口同声地说道：'到远方去，到荒野里独处。'"在这个意义上，波斯诗人萨迪也在《蔷薇园》里说道："我厌恶我在大马士革的朋友，我回到耶路撒冷的荒野，与动物为伴。"简而言之，所有普罗米修斯用更好的黏土造出来的人都说着同样的话语。他们在与人交往的时候的享受只能来自于他们自己天性里最低下和最卑微的部分，也就是说，来自于他们体内日常、琐碎和卑鄙的元素。由这些元素组成的人们形成了关系，建立了共同体，因为他们无法使自己抬高到那些伟人的水平，就只能把那些伟人的水平拉低。这又有什么益处呢？高贵的情感才能够滋养对离群和孤独的喜爱。所有的无赖都非常合群，他们也非常可悲。与之相反，人的高贵之处首先反映在他并不喜欢其他人这一点上，因此他越来越倾向于避免社交，遁入孤独，随着岁月的流逝，他渐渐意识到，除了极少数的例外，我们在这个世界上只能选择孤独或者是庸俗。尽管这句话听起来很残酷，但就连安格鲁斯·西

————————————
① 布鲁诺（1548—1600）：文艺复兴时期意大利思想家、科学家，因为支持"日心说"而被宗教裁判所处死。

莱修斯也放下了自己基督精神的温和与爱意，不得不这样说道：

> 孤独是困厄，但惟愿不要庸俗。
> 这样的话，你到哪里都是一片荒漠。

至于这些拥有伟大精神的人们，他们实际上是全人类的导师，所以他们对多余的频繁社交缺乏兴趣也是一件很自然的事情，就像教育学家不会加入吵闹的孩童的游戏一样。他们来到这个世界上，就是为了引领人们涉过谬误的海洋，进入真理的福地，将人们从粗糙和庸俗的深渊里托举到教化与崇高的光明之中，尽管他们不得不生活在人们的中间，但实际上却不属于他们。从青年时期开始，他们就察觉到自己和其他人的本质不同，但是他们只能随着时间的流逝渐渐认清事实，然后承担责任，他们与他人在精神上的疏离再加上肉体上的疏离，使得任何人都无法靠近他们，除非是一两个不属于平庸之人的杰出者。

从这一切当中可以得出结论，对孤独的喜爱不是一种直接和原始的动力，而是间接的，首先在高贵的精神中形成，然后再慢慢发展，在此过程中还要克服自然的社交冲动，甚至还要偶尔与魔鬼的悄声低语作对：

> 停下来吧，不要再玩弄你的痛苦了，

它像鹰隼吞噬着你的生命。

最恶劣的社交都会让你感觉到，

你是人群之中的一个人。

——歌德《浮士德》

孤独是所有精神出众者的命数。他们偶尔会为此发出叹息，但他们总是会两害相权取其轻。而且年龄越大，在这方面采取"理性的态度"就越是容易和自然。在六十岁的时候，孤独的冲动就会真正地符合自然，甚至会变成一种本能。因为在这个时候，一切因素都结合在一起敦促他。最强烈的社交冲动，也就是对女人的喜爱和性冲动已经不再能够发挥作用，是的，老年的无性状态为某种特定的自给自足打下了一个基础，这种自足渐渐地完全吸收了开展社交的冲动。人们会放弃上千种幻想和愚蠢，积极主动的生活已经大部分宣告结束，人们已经没有什么可以期待，也不再有什么计划和目的，自己实际上所属的一代人已经开始走向死亡，周围都是陌生的一代人，这时候，人们就在客观和本质的角度上都是孤身一人了。这时，时间也开始飞逝，但人们还想在精神层面上利用它。因为如果头脑还有理智，那么我们就可以在这个时候达成许多的认识和得到经验，我们逐渐完成的对思想的加工还有对所有能力的熟练运用都能够使我们对任何事物的研究变得比以往更有趣、更轻松。我们可以看清几千种之前还云山雾罩的事物。我们可以得出结果，意识到自己的优越之处。漫长的经验使我们不再对他人抱有过多的期待，因为总体来看，这些人并不属于在仔细了解后就可以欣然接纳的人们，更确切的说法是，我们知道，除了少数幸运的例外，人们遇到的只能是属于人类天性缺陷的绝佳样本，我们最好还是不与其接触。因此我们已经不再受到常见幻想的蒙蔽，很快就可以看透一个人到底是什么人，很少会产生与他进行进一步接触的想法。最终，当人们学会了与孤独友好地相处，人们就习惯了孤绝，习惯了与自己交流，将孤独变成了自己的第二天性。因此，对孤独的喜爱在早年不得不与开展社交的冲动进行搏斗，然后才会变成一件非常自然和简单的事情。我们置身于孤独的生活中，就像鱼在水中。因此，所有出色的人都会感到茕茕孑立、形影相吊，这种本质性的孤独尽管在青年时期会压迫他，但是在老年时期会令他感到轻松。

当然，一个人享受老年优势的原因，由这个人的思想智力所决定。因此，虽然每个人都有可能在某种程度上享受到老年期的好处，但只有头脑清晰的人才能最大程度地享受。那些智力低劣和素质太过平庸的人到了老年阶段仍像在青年时期那样对与世俗人群进行社交乐此不疲。对于不再适合他们的社交圈的人来说，这些人既啰嗦又烦闷，最多只能做到容忍他们。但在年老以前，他们可是受欢迎的人。

正如前文所述，年龄与合群程度成反比，这里面也可以找到目的论的一面。一个人越是年轻，他就越是需要在每一种关系中进行学习，这样大自然就为他提供了互相学习的机会，他在与自己的同类往来的时候就是在学习。从这个角度来看，人类社会就是一个庞大的贝尔—兰卡斯特制（Bell-Lancaster System）的教育机构[①]。一般的学校和书本教育是人为完成的，因为这些东西远离大自然的计划。所以，一个人越是年轻，他就对进入大自然的学校越感兴趣——这合乎人的天性。

贺拉斯说："没有什么是完美无瑕的。"印度谚语也说："没有无茎的莲花。"因此孤独虽然有着如此多的好处，但是也有着小小的坏处和麻烦，尽管比起社交的坏处来说还是很轻微的。因为如果谁自身享有着某种权利，那么谁就总是会觉得不和人来往比和人们凑在一起更轻松。其中一个坏处没有其他的坏处那么容易引起注意，也就是，就像长期居家生活会使我们的身体对外界的影响表现得敏感，任何寒冷的微风都能够使他患病，长期的隐居和孤独也会使我们的心绪变得敏感，因为一些无关紧要的事件、话语甚至仅仅是表情就感到不安、烦躁或者是受伤，而其他始终处于喧嚣的人们根本不会注意到这些事情。

如果谁在年轻的时候已经因为有理由的不幸的人际往来而遁入孤独，却无法忍受长期的荒芜，我就建议他习惯把一部分的孤独带到社交中去，也就是说，学会在社交的过程中——在一定程度

[①] 由教育家安德烈·贝尔和约瑟·兰卡斯特在18世纪末研究、发展起来的。在这类学校里，学生们采取互相授课的方法。——原注

上——保持独处。按照这种原则，他不能把自己想到的事情立刻就告诉别人，另一方面，他也不能对别人说的话抱有太高的期待，无论是在道德还是在智力层面上。面对他们的观点，他应该在内心保持坚定的无动于衷，这就是长期培养一种值得称赞的宽容的最稳固的方法。这样一来，尽管他身处他人中间，也不会完全融入他们的社交，而只是把他们当成纯粹的客体进行对待。这会使他免于和社会形成过于紧密的接触，保护他不受到玷污，甚至是不受到伤害。这种节制的，或者说有所防备的社交方式我们可以在莫拉丹的喜剧《咖啡厅或新喜剧》中找到一段值得一读的戏剧性描写，也就是对角色 D. 佩德罗的描写，特别是在第一场第二幕和第三幕的部分。在这个意义上，我们可以把社交比作一簇火焰，聪明的人在取暖的时候也会和火焰保持一定的距离，而不是像愚人那样靠近火堆，在被灼伤以后就逃进寒冷的孤独，发出悲鸣，诉说火焰灼伤了他。

第十节

嫉妒是人之常情，但它同时也是一种恶习和一种不幸[①]。因此我们应该把它视为我们幸福的敌人，像对待恶魔一样扼杀它。塞内加用优美的语言给我们提供了指导："没有比较，我们会因为自己所拥有的事物感到愉悦。但我们绝对不会因为更幸运的人们感到幸

---

① 人们的嫉妒展现出了他们感觉自己是多么的不幸福，他们持续关注陌生人的事情表明了他们是多么的无聊。——原注

福。"（《论愤怒》第3卷）他还说道："如果你看到很多比你优越的人，那么就想想不如你的人。"（《书信集》第15封）也就是说，我们应该经常考虑那些处境比我们更差的人，因为那些处境更好的人只是看上去更好。甚至当真实的灾祸降临在我们身上的时候，我们的安慰也来自和嫉妒相同的源头——想一想更大的苦难，想一想不如我们的人。此外，我们应该和处于相同处境，也就是"同病相怜"的人们进行来往。

嫉妒主动的一面就是这样。关于嫉妒被动的一面，我们应该记住，没有一种恨意像嫉妒这样难以消除。因此我们不要持续而强烈地刺激它，更应该做的是放弃这种享受，就像放弃其他享受一样，因为它们会带来危险的结果，会令我们走向挫败。世界上有三种贵族：①血统贵族和等级贵族；②金钱贵族；③精神贵族。最后一种实际上是最尊贵的，只要给予他们时间，他们也会得到人们的认可。腓特烈大帝曾经说过："灵魂具有优越性的人和合法君主的地位相等。"这句话是说给他的宫廷总管的，后者很反感部长和将军与自己同桌用餐，而伏尔泰坐在只有统治者和亲王才能够坐的桌子上。这些贵族都被一群嫉妒者包围着，后者因为这些贵族所享有的特权而在暗地里憎恨他们，当他们不再需要惧怕这些贵族的时候，他们就用各种各样的方式努力让这些贵族知道，"你没有比我们强多少！"但正是这种努力暴露了他们恰恰不是这么想的。被嫉妒者应该采取的措施是和所有这些人保持距离，尽可能地避免与他们接触，这样他们就会被一道巨大的裂谷分开。如果我们无法这样做，那么就最好容忍他们的这种努力，使他们嫉妒的源泉走向枯竭。我们也经常看到这种方法得到应用。与之相反，这三类贵族之间却经常相处得很好，并不互相嫉妒，因为每一类贵族都在天平上拥有属于自己的优势。

第十一节

我们在实施计划之前，都会进行反复的深思熟虑。尽管一切都经过了最详细的思考，我们还是要为人类认识的不足留下余地，因为总有可能出现不可研究或者不可预测的情况，会使我们所有的计算都变成谬误。这种考量始终具有消极的力量，因此我建议，在重要的事件上如果没有必要，那么我们就不横加干涉："静胜于动。"可是一旦我们做出了决定，开始实施计划，那么我们就只能任由事情发展，静待结果。这时候，我们不能总是焦虑地重新考虑已经实行的行动，反复思考可能的危险，而是更应该用一个简单的想法使自己安下心来——我们在事先已经进行了成熟的思考。这个建议符合一句意大利谚语 legala bene，e poi lascia la andare，歌德把它翻译成"你，备好马鞍然后放心地出发吧"。这句话引自他翻译的众多意大利谚语之一。如果结果确实很糟糕，那么这是因为所有人为的事务都屈服于偶然与谬误。最智慧的苏格拉底也需要能给予他警示的魔鬼的帮助，才能够正确处理自己的个人事务，或者至少是免于失误，这说明没有任何人的理智足以保证事情的结果。因此，下面这句据说来源于某位教皇的箴言如果不是绝对正确，也是在大多数情况下都非常正确——每个人都承受自己的罪过。甚至这种感觉也是导致人们尽可能隐藏自己不幸的一大原因。只要可以，人们就摆出心满意足的脸孔。他们担心别人因为他们的痛苦得出他们有罪的结论。

第十二节

在遇到已经到来、不可更改的不幸事件的时候，我们绝对不能认为我们可以改变它，更不能认为我们原本可以阻止这一事件。因为正是这种想法会令我们的痛苦变得不堪忍受，令我们陷入"自我折磨"的境地。我们更应该像大卫王学习，他的儿子卧病在床的时候，他毫不停息地向耶和华祈求垂怜，但是当他的儿子死了以后，他就打个响指，再也不去想这件事情。如果谁的思想不够放松，那么谁就需要以宿命论的观点庇护自己，这种观点阐明了一个莫大的真理：所有发生的事情都是必然发生的，这一切都是不可避免的。

但这条规则也是片面的。尽管在不幸的情况下，它会直接令我们感到轻松和安宁，但是在大多数情况下，我们自己的草率或者莽撞至少要承担一部分的责任。那么对于应该如何防范不幸，反复的、痛苦的深思熟虑就是对我们有益的和有用的，也就是说，在未来会成为一种颇具疗效的自我保护机制。我们不应该像经常做的那样，在犯下明显的错误以后为自己开脱，或者是试图美化和缩小我们的错误，而是应该承认错误，非常清楚地审视错误，这样才可以坚定地在未来避免这种错误。当然，我们在这个过程中要经历一番莫大的痛苦，这种痛苦来自于对自己的不满，但是"没有教训就没有进步"。

第十三节

对于一切涉及我们福祉和痛苦的事情，我们应该抓紧想象力的缰绳。也就是说，首先不要建造空中楼阁，因为会为它们付出惨重的代价，很快就会伴随着叹息崩塌。但是我们更应该小心不要夸大那些仅仅有可能发生的不幸，以免因此而感到惊恐。如果不幸只是凭空而来，那么我们在从幻梦中惊醒的时候就会立刻发现这一切都只不过是鬼影幢幢，因此为更好的现实感到高兴，并且无论如何还会对遥远的、可能发生的不幸抱有警惕。只是我们的想象不会玩弄这种东西。它顶多会非常愉快地建造一些明朗的空中楼阁。那些阴暗梦境的素材是不幸的事件，尽管尚在远方，却还是在一定程度上威胁着我们。我们的想象力夸大了它们，将它们发生的可能性带到了身边，好像它们就是真相，并且以恐怖的色彩加以描绘。从这样的梦中醒来的时候，我们不会立刻就摆脱这种梦境，就像摆脱那种愉快的梦境一样。这些愉快的梦境很快就被现实打倒了，至多还保留着一丝微弱的希望的可能性。但是如果我们被黑暗的幻想征服，那么它们给我们带来的幻影就很难走向消隐。因为这些事情发生的可能性一般来说依然存在，只是我们不能随时把握它的尺度，它们现在就变成了很有可能发生的事情，而我们就恐惧地举手投降。因此在涉及我们的福祉和痛苦的事情上，我们应该仅仅以理性和判断力来对待它们，然后就是冷静和不带感情的深思熟虑，仅仅用概念"在抽象中"操作。想象应该被排除在外。因为它不具备判断力，只能把图像带到眼前，以毫无用处和往往非常痛苦的方式造成情绪的波动。在傍晚要尤其严格地恪守这条规则。因为就像黑暗使我们感到惧怕，使我们到处都看到可怕的形象，头脑的模糊也与之类似，因为任何的不确定性都能够带来不安全感。因此在傍晚，当理性和判断力放松下来，陷入了主观的黑暗，智力变得疲倦和"呆滞"，无法深入事物的本质的时候，我们冥思的对象如果涉及我们的个人事物，就很容易看起来充满危险，变成恐怖的图像。在多数情况下，在晚上，在床上，也就是当精神完全放松，因此判断力无法应对事务的时候，想象力就变得活跃起来。因为夜晚让一切都染上了它漆黑的色调。因此我们睡前的思想，或者甚至是夜晚惊醒时的思想大多数都充满了扭曲和颠倒的东西，就像梦境一样。如果它们涉及我们的个人事务，就通常会呈现出不祥的黑暗色彩，甚至是非常骇人的。到了早晨，可怕的图像就像梦境一样消失了。有一句西班牙谚语说的就是这个意思："夜晚染上了颜色，日间一片洁白。"但就算在傍晚点起灯来，理智也像眼睛一样，看得不像在白天那么清楚。因此，这段时间不适合严肃的冥想，尤其是不适合思考令人不适的事务。早晨则是合适的时间，因为所有成就都毫无例外地适合在这段时间完成，无论是精神方面的还是体力方面的。早晨是白日的青春时刻。一切都愉悦、新鲜而轻盈。我们感觉自己充满力量，能够发挥出自己的全部能力。我们不应该因为晚起而缩短这段时间，更不应该把它挥霍在没有价值的事情或者谈话上面，而是应该把它视为生命的精华，以某种神圣的态度对待它。与之相反，傍晚则是白日的老年时期。我们在傍晚变得疲惫、饶舌和轻率。每一天都是一小段生命，每一次苏醒和起床都是一次小小的诞生，每一个新鲜的早晨都是一小段青春期，每一次上床睡觉都是一次小小的死亡。

但是普遍来讲，健康状况、睡眠、营养、温度、天气、环境和许许多多其他的外在影响都会对我们的情绪产生重大的作用，从而影响我们的思想。因此我们对事务的看法和我们能力所能达到的成就受制于时间和地点。因而，

> 留心愉快的心绪，
>
> 因为它来得罕见。

——歌德

我们不仅仅有必要等待客观概念和原创思想——它们是否到来

和何时到来都取决于它们，而且甚至也无法在预先打算对某种个人事务进行彻底考量的时候对我们已经准备好考量的事务进行正确的考量。这些事务也会挑选自己的时机，到了那个时候，相应的思想就会自然而然地产生，我们就会全心全意地追随着它。

我之前推荐我们给想象力套上缰绳，现在我还想说，我们不要把自己曾经经受的不公、伤害、损失、侮辱、贬损和中伤再次在我们的当下描绘出来，因为我们沉睡已久的不快、愤怒和其他仇恨的情绪都会因此而再度得到激发，从而使我们心绪不宁。根据新柏拉图主义者普洛克罗斯①的一个美丽的比喻，就像每个城市里都有高贵的和杰出的人，也有各种各样的暴民一样，在每一个人的身上，即便是在最高贵和最崇高的人的身上也存在着非常低劣和庸俗的人性，甚至是动物性的成分。不能让这些暴民掀起骚动，也不能让他们从窗口往外张望，因为他们会做出丑恶的举动。我刚刚提到过的想象力却正是鼓动这些暴民的头目。在这里，我还要说的是，就连最微小的烦恼——无论是与人还是与事情相关，只要经过持续的孵化，经过强烈色彩的描绘，就会扩展成庞然大物，使我们惊慌失措。我们更应该在对待所有令人不适的事件的时候都保持至高的淡漠与清醒，这样我们就可以尽可能轻松地应对它们了。

就像把小小的物件拿到眼前会限制我们的视野，使我们看不到

---

① 普洛克罗斯（412—485）：希腊哲学家，新柏拉图派的集大成者。

这个世界一样，我们最紧密的环境中的任何事物尽管可能非常没有意义和非常无关紧要，却会过度吸引我们的注意力，占据我们的思想，这样一来，我们就会以非常不愉快的方式挤压我们重要的思想和事务。我们应该避免这样做。

第十四节

当我们看到某些我们并不拥有的东西的时候，我们很容易就会想："如果它是我的，那么又会怎么样呢？"这种思想会让我们感觉受到了剥夺。但我们反倒更应该扪心自问："如果它不是我的，那么又会怎么样呢？"我的意思是，我们应该时不时地努力想象一下，如果我们失去了某种我们拥有的，我们又该如何抱怨。我们应该对所有的事物都做这样的想象，譬如财产、健康、朋友、恋人、妻子、孩子、马匹和狗。因为在大多数情况下，只有失去之后，我们才能够发现它们的价值。如果以我所推荐的方法来看待它们，我们首先就会因为我们的拥有物感到幸福，其次，我们会通过所有方式来防止失去这些拥有物，也就是不使财产置于危险，不要激怒朋友，不要让妻子的忠贞受到诱惑，监管孩子的健康状况，诸如此类。我们经常通过计算有利的可能性或者设想出来许许多多奇幻的希望来使阴沉的当下变得明媚，但是这些可能性和希望都孕育着幻灭，这是不可避免的。更好的做法是计算许多糟糕的可能性，部分是为了防范，部分是因为如果这些事情没有成真，那么这就是令人愉快的惊喜。难道在经历过某种可以忍受的恐惧之后，我们不是总是明显变得更加快乐了吗？是的，甚至偶尔想一想我们有可能遇到的巨大不幸也是有好处的，之后我们就真的能更轻松地承担许多更微不足道的不幸了，因为我们在回顾过往的时候，可以安慰自己：我们没有遭遇巨大的不幸。但是行使这条规则的时候不能忽视上一条规则。

第十五节

涉及我们的事务和遭遇都是彼此孤立地出现的，彼此之间没有秩序和关联，形成了鲜明的对照，唯一的共同点就是它们都是我们的事务，所以我们在考虑和处理它们的时候必须把它们切割清楚，这样才符合它们的存在方式。按照这个准则，我们在处理一件事情的时候必须暂停所有其他事情，在时机到来的时候为每一件事情操心、享受和忍耐，完全不要为其他事情感到忧虑。我们必须就像一个装满了思想的抽屉柜，打开一个抽屉的时候，其他的抽屉都还关着。这样我们就不会因为某种沉重的忧虑而败坏所有当下小小的享乐，也不会被剥夺所有的安宁，对另一件事情的思虑不会挤进来，对重大事务的关注也不会导致对许多细节的忽略，等等。尤其是如果谁拥有更加出色、更加高贵的观察力，他的精神就永远也不应该完全被个人事务和琐碎的忧虑所占据、所充斥，因为这样他就没有办法进入任何深思，真正的"为了生活而败坏生活的目的"。当然，要使自己自如地进入其中，还需要进行自我强制——面对任何事情都应如此。我们应该强化自己的这一思想：每个人都需要忍受许许多多外来的巨大强制，没有这些强制就也没有生活，而小小的、恰当的自我强制在之后可以免于许多外来的强制。就像圆心附近的同心圆的大小经常是圆周的几百分之一一样。自我强制可以令我们最有效地避免外来的强制，塞内加也说："如果你想要无限的生活，就把自己纳入到理性之中。"（《书信集》第 37 封）。我们也可以控制这个自我强制的过程，在最极端的情况下，或者是当它触及到了我们最为敏感的部位的时候，我们也可以稍加松弛。与自我强制相比，外来的强制毫无顾忌，毫无庇护和怜悯之心。因此进行预先防御是明智的做法。

第十六节

我们的愿望应该有一个目标，我们的野心应该套上缰绳，我们的怒气应该受到约束，我们应该始终都想着，一个人只能够得到值得希望的无穷无尽的事物中间的一小部分，与之相反，许多灾祸却必然到来，也就是说，"弃绝和忍受"才是准则，如果不这样考虑，无论是财富还是权力都无法阻止我们的贫瘠感。贺拉斯对此说道：

> 详察你的所作所为，
>
> 向智者请教如何轻松地生活。

不要永远恐惧和焦躁，

不要贪婪，不要满足于平庸平凡。

——贺拉斯《书札》

第十七节

亚里士多德说："生命在于运动。"这显然是正确的，就像我们肉体的生命建立在永不停歇的运动之上，我们内心的精神生活也一直都在要求运动，忙碌于某个对象，其凭借的行动或者是思考。有一个证据是无所事事、头脑空空的人会摆弄手指，或者立刻就抓起手边的一项工具摆弄起来。也就是说，我们的存在从本质上讲就是躁动不安的。因此，完全无所事事很快就会令我们感到难以忍受，引向可怕的无聊。我们应该管理这种冲动，这样可以行之有效地应对它，更好地感到满足。也就是说，我们要采取行动，做点事情，尽可能地制造点什么，至少也学到点什么，这对人类的幸福来说是不可或缺的。一个人的力量要求得到施展，而他也希望从中获得成果。从这个角度考虑，做某些事情的满足感，无论是编一只篮子还是写一本书，都是一样的。看到作品在自己的手里一天一天地成长，最终走向完成，会令人感到直接的幸福。这就是艺术品、文章甚至单纯的手工活能够带来的幸福。当然，作品的形式越高尚，享乐就越是崇高。从这个角度看，最幸福的就是那些具有良好天赋，知道自己有能力创造出有意义的、伟大的、普世的作品的人们。因为有一种高尚的兴趣凌驾了他们的整个存在，给这些作品带来了某种韵味，而其他人却不知道这种韵味，相比之下，他们显得非常肤浅。也就是说，对前者而言，生命和世界中除了庸常的、物质的元素，还有其他高尚的元素，那是一种特殊的兴趣，它使得这些材料进入作品，只要他们摆脱了个人的困境，可以自由地呼吸，他们就会倾其一生，勤奋地搜集素材。他们的智力也具有某种双重性，一部分用于日常的关系（意志的事物），就像其他所有人一样；另一部分用于对事物的纯粹客观把握。他们就这样过着双重的生活，既是观众，也是演员，而其他人只是后者。每个人都应该做点什么，量力而为。缺乏计划的活动的缺点可以从四处享乐的生活中看出来，那时候人们并不真的觉得幸福。因为人如果没有实际的事业，就好像自己的自然元素被撕碎了一样。人类的需求就是努力与逆境抗争，就像土拨鼠会挖壕沟一样。静止状态会令持续享受的满足感变得难以忍受。克服阻碍才使人类可以得到充分的享乐。无论是物质方面——譬如生意和贸易方面，还是精神方面，抑或是在学习与研究方面，与这些事物的斗争和胜利使人幸福。如果没有这样的机会，人们就尽可能地创造这样的机会，每个人都根据自己的个性去创造，可能去打猎，可能去打球，或者会受到天性中某种不为人知的因素指引，去发起贸易，或者罗织阴谋，或者放任自己进行欺骗或者恶作剧，只是为了结束那种难以容忍的平静状态。"无所事事的人很难平静下来。"

第十八节

人们不应该把想象中的幻影当作自己努力的引路人，而是应该清晰地对概念进行思考。但是大部分情况都是相反的。也就是说，如果仔细观察，我们就会发现，我们最终做出的决定大部分不是凭借着概念和判断，而是想象中的幻影，只是呈现和代表了一种选择。我忘了是在谁的小说里——可能是伏尔泰或是狄德罗——男主角是青年人，以赫拉克勒斯的形象站在十字路口，美德照旧化身为宫廷管家的样子，左手拿着鼻烟壶，右手捏着鼻烟，进行着道德说教；恶行则与之相反，是他母亲的贴身女佣的形象。尤其是在青年时期，我们幸福的目标都固定为某些图像，经常在我们的半生里、甚至整个一生里都在持续不断地摇摆。实际上它们是诱惑人的鬼魂，因为如果我们抵达了这些目标，它们就会瓦解为无物。因此我们会形成一种经验，也就是它们根本就不能提供它们所允诺的东西。我们的居家生活、市民生活、社会生活和乡村生活的孤立场景都是这样的，我们有关居所、环境、荣誉称号和备受尊敬的证明的图像等也是一样，甚至有关恋人的图像也常常属于这种情况。"愚人有自己的愚人帽。"这种情况对我们来说是很自然的，因为我们观察到的事物会发挥作用。因为它是直接的事物，所以会比概念、抽象的思想更能直接影响我们的意志。后者只能给出普遍状况，不会描绘个体——但正是个体包含着现实——所以只能间接地影响我们的意志。但概念却正是自己的原本含义，因此教育只不过是为了熟悉概念。当然，概念可能也许要通过一些话语和图像进行阐释，但这只是"辅助"。

第十九节

上述规则可以归类进一个更普遍的规则，也就是一般来讲，人们应该在任何时候都成为当下印象与观察到的事物的主宰。它们比起仅仅存在于思考中和意识中的事物堪称无比强大，究其原因却并不在于物质和内容——它们经常很缺乏这二者——而是因为它们的形式直观且直接，这些事物压迫着我们的心绪，扰乱了它的安宁，或是动摇了它的根基。唾手可得、可供观察的事物轻易就可以被看透，始终都只能一次地发挥全部的力量。与之相反的是，思想和推理则需要时间和安宁。我们需要一段时间来进行彻底的思考，因此不能每分每秒都置身于当下。这样一来，尽管我们因为深思熟虑而放弃了某种愉快的事物，但是当看到这件事物的时候，我们还是会受到吸引。同样的是，如果我们认识到了一个判断全部的不足之处，我们也会为它感到气恼；如果我们看透了人们的轻蔑，我们也会因为别人的侮辱感到狂躁。正因如此，十个反对现存危险的理由都比不过一个存在危险的表面假象。所有这些例子都来自于我们本质里原初的非理性。女人们经常会受到这种印象的折磨，也只有很少几个男人有优越的理智，能够不受到这种印象的折磨。如果我们现在无法通过纯粹的思想消除这种印象，那么最好的办法就是用相反的印象来中和它。例如，面对受到侮辱的印象，我们可以试图想象那些珍视我们的人；面对咄咄逼人的危险的印象，我们可以用对它反作用的现实观察进行中和。莱布尼茨写道（《新论文》第1卷）：有一个意大利人，甚至熬过了严刑拷打，因为他一直在脑子里想着绞刑架的图像，一刻也不放开这个幻想。因此，他时不时地大喊道："我已经看到你了。"他后来才解释了这句话的含义。由于这里所论述的理由，当我们身边所有的人都和我们保持不同的观点的时候，即使我们坚信他们是错误的，要不为之动摇，坚持做自己的事情仍然是一件非常困难的事。一位流亡的、被迫害的、严格"匿名"的国王几乎急需自己忠实的随从在两人之间履行臣服的仪式，这样他在最后才不会陷入自我怀疑。

第二十节

我在第二章里已经提到了健康的重要价值，它对我们的幸福而言是首要的和最关键的一个特质，因此我想在这里提出一两个巩固和保持健康的普遍行为规范。

只要在健康允许的范围内，我们就应该让身体的各个部分承受充分的压力和负担，这样身体就会习惯于抵抗所有不利的影响。但是与之相反，在患病的时候，无论是整体还是局部出现疾病，我们都要了解情况，立刻对患病的躯体或者是身体部位采取相反的措施，用各种方式进行保护和修养。因为患病和虚弱的身体没有自我修复的能力。

　　肌肉可以通过高强度的使用变得强壮，神经则相反，会因过度使用变得衰弱。因此人们应该以适宜的力度来锻炼肌肉，却要小心翼翼地保护神经，就好像要保护眼睛不要受到强烈的刺激，尤其是反射光的刺激，不要在暗处用眼，也不要持续观察细小的物体。同样，我们也不要让耳朵听到太强烈的噪音。最重要的是要保护大脑免于一切强制性的发力，无论是持续的还是暂时的。因此，我们在消化食物的时候应该让大脑休息，让肠胃和内脏努力工作，准备食糜和乳糜。同样的，在进行剧烈运动的时候或者在剧烈运动之后也不应该用脑。因为运动也会导致神经的波动。神经会感受到受伤的肢体的疼痛，把痛感保存在大脑里面，同样的，实际上不是双腿和双臂在走路和工作，而是我们的大脑在走路和工作，也就是说，主管这一部分的大脑通过延申脊髓和神经刺激到了所有的肢体，从而使肢体运动。因此，我们感受到的双腿和双臂的疼痛实际上在大脑里有自己真实的位置。因此只有伴随着我们的意志运动的肌肉会感到疲倦，也就是说，它们的行动来自于大脑，与之相反，不受我们意志影响的运动的肌肉却不会感到疲倦，比如心脏。显然，如果人们同时进行强烈的肌肉活动和紧张的精神活动，或者是一项紧随另一项之后，那么大脑就会受到损伤。这里和我们下面要提到的内容并不冲突：在开始散步或在非常短暂的一段散步之后，我们通常会察觉到精神变得活跃了。这是因为大脑的这一部分还没有感到疲倦，另一方面，轻微的肌肉活动和由此引发的呼吸增加会导致更多的氧气通过血液进入大脑。但是要使我们的大脑做出反应，我们尤其应该给它提供充足的睡眠，因为睡眠对全人类来说都等于给钟表上发条（参见《作为意志和表象的世界》第 2 部）。人的大脑越是先进和强大，就需要越多的睡眠，但超出所需要的分量只不过是在浪费时间，因为过长的睡眠会导致人们失去睡眠质量。[①]（参见《作为意志和表象的世界》第 2 部）说到底，我们应该明白，我们的思想只不过是大脑的有机运作，就和所有的有机活动一样，要考虑劳逸结合。就像过度用眼会损伤眼睛一样，过度用脑也会损伤大脑。这句话说得很对：大脑的思考就像肠胃的消化一样。有一种妄念认为有一种单纯的、非物质的、本质性的事物在持续思考，认为大脑里仅仅住着一个不知疲倦的灵魂，对这个世界毫无所求，这肯定已经误导许多人凭借他们的精神力量做出了许多不理智和愚昧

[①] 睡眠是我们预借的一小段死亡，以此恢复和更新被一天所耗尽了的生命。"睡眠是向死亡的借贷。"睡眠借取死亡以维持生命；或者说，睡眠是死亡暂时收取的借贷利息，而死亡本身就是对全部债务的支付。偿还的利息越高，偿还得越频繁，那么，死亡所要求的最后支付日期就越迟。——本书原注

的事情。例如，腓特烈大帝曾经尝试完全摒弃睡眠。哲学家们可不要再用他们那种胡编乱造的毒妇哲学为这种非常有害的妄念推波助澜了。我们应该习惯把自己的精神力量完全当作一种生理活动来看待，据此来处理它、保护它、训练它。我们也要记住，所有身体上的痛苦、疾病和失调无论发生在哪一部分，都会刺激到精神。在这一点上，做出了最佳论述的是卡巴尼斯的《人类生理与精神之间的关系》。

有些大智者和大学者在晚年会变得意志软弱、天真幼稚甚至是充满妄念，就是因为忽略了我在这里给出的建议。例如十九世纪最著名的英国诗人沃尔特·司各特、华兹华斯和休斯等人都在进入晚年的时候，六十几岁就已经在精神层面变得迟钝和无能，甚至沦为痴呆。我们可以不容置疑地解释这一点，也就是他们全都被崇高的荣誉所吸引，把写作当作了一门生意，也就是为了金钱而写作。这诱使他们做出了反自然的努力，如果谁给灵感的飞马套上了枷锁，用鞭子驱赶他的缪斯，他就会以类似的方式遭到惩罚，就像强迫爱神维纳斯提供服务一样。我怀疑就连康德在晚年终于成名以后也存在过度操劳的问题，因此在最后四年里就好像是度过了第二个童年。一年中的每个月份都有独特的直接影响，也就是说，我们的健康，我们的身体状况甚至是我们的精神状况都取决于天气。

我们对他人应采取的态度

第二十一节

为了在这个世界上生存，我们需要一条重要的建议，也就是具有预见和宽容的能力。这条建议的目的也很明确：前者使人避免伤害和损失，后者则使人避免争吵与纠纷。

如果生活在人群之中，他就不应该绝对地排斥任何一个个人，只要这个人是自然的安排和产物，即便他是最恶劣、最无情或者最滑稽的人，我们也不应该这么做。我们更应该把这个人当作一个无法改变的因素，当作遵循着某种形而上学的永恒原则，只能表现出这个样子。在遇到糟糕情况的时候，人们应该这样想："地里总会有杂草。"如果不这样做的话，那么我们的做法就不公正，就是向对方发出了生死的挑衅。因为没有人能够改变他真正的个体性，也就是他的道德水平、认知能力、脾气秉性、体格长相等。如果我们完全彻底地谴责他的本性，那么他就只能把我们当作他的死敌进行斗争。因为我们只有在他脱胎换骨的情况下才愿意承认他存在的合法性，而不是承认他是不可改变的。也就是说，要在人群中生存，我们不得不因此而承认所有人既定的个体性，无论这种个体性是否令人喜爱。我们只应该考虑以什么方式利用和发挥这种个体性，但是既不能希望他改变，也不能一味加以谴责，尽管他可能本性恶劣[①]。这就是"自己生活，也让他人生活"这句话的真正含义。这句话很正确，但是要做到却没有这么容易，如果一个人可以避免和许多个体往来，那么这就是值得珍视的幸福。与此同时，要学会忍耐别人。我们可以用无生命的对象练习自己的耐心。它们以机械的或者纯粹物理的必然性如此顽固地反抗着我们的行为。每天都有这种机会。我们因此习得的耐心在之后就可以用于忍耐他人，当我们看到他们反对我们，我们就总是出于习惯性，认为他们的天性就是一样强大的必然性，就像无生命的物体一样，因此为他们的行为而发怒是非常愚蠢的，就像对滚落到我们路上的石头发怒一样。

第二十二节

令人惊讶的是，在两个人交谈的时候，他们很快就能够轻松地发现自己与对方在精神和脾性上的异同之处。他们能够通过所有细节感受到。如果两个类型相异、情感淡漠的人在一起交谈，他们之间几乎是完全异质的，一个人所说的几乎每句话另一个人都听不懂，有些话甚至会让他感到气恼。与之相反，同质的人们几乎可以立刻在所有方面都感受到某种特定的一致性，如果两个人非常趋

---

① 在有些情况下，最聪明的方法是在心里想："我改变不了他，也就是说，我要利用他。"——本书原注

同，很快就会建立完美的和谐关系，甚至是达到合二为一的境界。这首先解释了为什么非常普通的人们是那么的合群，在哪里都能轻而易举地找到同伴，开展良好的社交。这些人是那么的真诚、可爱和正直。但是不同寻常的人们遇到的情况则相反，因为人越是出色，就越是孤绝。他们偶尔能够在某个人身上发现与自己相同的细微之处，就会感到真正的喜悦，尽管这个相同之处是那么的微不足道！每个人之于他人就像他人对这个人来说一样具有相等的价值。真正伟大的思想者就像鹰隼一样独自在高处筑巢。其次，我们也可以从中得知，一个人是怎么这么快就找到和自己志同道合的人的，他们就像磁石一样互相吸引，相似的灵魂从远处向着彼此致意。当然，我们会观察到这种情况最频繁地出现在那些思想卑下或者天赋低劣的人们中间，但这只是因为他们大量存在，而更出色和更具优势的天性则是非常罕见的。这样一来，在一个巨大的、有着实际目标的共同体中，两个真正的无赖很快就会暴露出来，就好像他们戴着军队里的徽章一样。他们很快就会碰头，准备滥用职权，或者是出卖他人。同样的是——虽然这是"不可能"的——如果有许多理解力超群、精神世界丰富的人们形成了一个庞大的社交圈，其中掺杂进了两个蠢货，那么这两个人也很快就会对彼此产生喜爱，在心里感到高兴，觉得他们至少找到了一个理智的人。这一点真的很奇怪，这两个在道德和智力层面都水平滞后的人在第一眼就能够认出彼此，会热情地努力靠近彼此，非常友善地彼此问候，彼此相映，好像他们是一对旧相识。这一点真的很引人注目，我们不禁要按照佛教的轮回教义进行考虑，认为他们在前世就缔结了友谊。

无论如何，即使在保持着一致的时候，人们之间也会出现暂时的分离与不和谐，这是因为当下情绪的区别。每个人都有自己的情绪，这是由他当时的处境、事业、环境、身体状况和瞬间的思想以及其他因素决定的。由此，两个最和谐的人之间也会产生某种不和谐。要消除这种干扰，做出调整，导向一种始终舒适且恒定的温度，需要最高的教养才能做到。情绪的稳定性对社交共同体的作用可以通过这一点进行衡量，也就是说，只要出现了某种客体，无论是一种危险、一种希望、一个消息、一处罕见的景观、一出戏剧、一首音乐还是其他什么东西，这个客体就会同时对所有人产生相同的效果，尽管这个社交圈人数众多，但还是能够在普遍的舒适氛围中进行活跃的交流和坦率的参与。因为这样的客体压倒了所有私人的利益，产生了普遍的情绪的一致性。如果缺乏这样的客体的影响，那么一般来说，我们就只能诉诸主体，这样一来，饮酒就成了给社交圈带来共同情绪的惯用手段。甚至喝茶或者是喝咖啡都能够达到这个目的。

瞬息的情绪改变很容易就能使所有的共同体陷入不和谐的气氛，但正是这种不和谐在一定程度上解释了为什么当我们的记忆摆脱了这种转瞬即逝的影响的干扰之后，会将一切进行理想化，甚至几乎是洗清了所有人的罪孽。记忆的作用机制就像暗室相机的聚光镜一样。它收集一切，然后制造一张比原状要美丽得多的照片。我们可以看出来，在一定程度上，我们可以通过缺席获得这种优势。因为尽管记忆完成自己的理想化工作要花很长的时间，但是它可以立刻就开始这项工作。因此，过上一段较长的时间再和自己的熟人与好友碰面甚至是一种聪明的做法，人们在重新相见时，记忆已经开始了工作。

第二十三节

没有人可以看清自己以外的事情。我这句话的意思是说，人们在他人身上看到的东西就等同于他自己所是的东西。因为他只能够根据自己智力的限制去把握，去理解。如果他的智力水平较低，那么所有的精神禀赋，甚至是最伟大的精神禀赋都无法对他产生作用，他也不会察觉到别人拥有这样的禀赋，而只是能够察觉到这些个体身上的卑下之处，也就是说他们全部的缺点，包括气质方面和性格方面的缺点。由此得出，他人对他来说只是一个嵌合体。崇高的精神能力对他来说根本就不存在，就像颜色对盲人来说根本就不存在一样。因为没有精神的人也看不到所有的精神。对每种产品的估价都来源于估价者的认识范畴内的评估水平。由此可以得出结论，一个人在和别人说话的时候就降至了他人的水平，他所有为人所知的优势都消失了，甚至他不得不做出的自我否定也因此变得完全不为人知。如果我们考虑到，大多数人都是那么的低劣和缺乏天赋，也就是说，大多数人都是那么的平庸，那么我们就会发现，在和他们交谈的时候，我们在这段时间里（可以用电传导的过程作为比喻）就也变得平庸了，然后我们就会彻底理解"屈尊"这个词的真正含义。无论如何，我们也愿意避开所有的社交，因为我们只能够通过我们天性中"令人羞耻的部分"进行沟通。我们也能够发现，面对那些愚人和蠢货的时候，只有一种方法让人们理解我们，就是不要和他们讲话。当然，有些人在社交圈里偶尔会像一位来到舞会的舞者，见到的却都是彻头彻尾的跛子，他又该和谁跳舞呢？

第二十四节

一个人在等待某件事情的时候，也就是说无所事事地坐着的时候，如果没有马上在手里拿起一根棍子、一把小刀或者一个餐叉之类的东西，有节奏地敲打或者是拍击，那么他就已经是万里挑一的人了，能够赢得我极高的尊敬。他很有可能在思考什么。与之相反，很多人却用观看完全代替了思考。他们用敲击的声音感知自己的存在，也就是说，如果手边没有雪茄可以服务于这一目的，他们就会这样做。出于同样的理由，他们始终睁大眼睛、竖起耳朵留心着周围发生的一切。

第二十五节

拉罗什富科一语中的地评论道：在非常尊敬一个人的同时又非

常爱他是很困难的。因此我们必须做出选择，是要获得人们的爱还是获得人们的尊敬。人们的爱始终都是主观的，尽管方式迥异。此外，我们获得人们喜爱的方式并不总是能够令我们引以为豪。最首要的做法是，我们应该降低对别人精神和情感的要求，而且是非常认真、毫不虚伪地这样做，这也不能出于容忍别人，因为容忍的根源就在于蔑视。我们在这里可以回忆一下爱尔维修的箴言："能够令我们感到愉快的精神水平恰好就是我们自己的精神水平。"我们就可以由这个前提得出结论。人们的尊敬却总是与之相反，它只能够强迫他们的意志，因此在大多数情况下，这种尊敬都会被掩藏起来。所以，在内心里，它能够给我们带来远远更大的满足感，它与我们的价值密切相关。但人们的爱却并不与价值直接相关。因为爱是主观的，尊敬是客观的。当然，人们的爱对我们更有益处。

第二十六节

大多数人都非常自我，在根本上除了自己对其他事情都没有任何兴趣。因此可以得出结论，所有人说的话都能够立刻让他们想到自己，任何一句与他们个人关联甚远的无心之话都能够引起和占据他们的全部注意力，这样一来，他们就没有力量去领会谈话中的客体对象了。同样，如果违背了他们的利益或者是虚荣心，任何道理对他们来说就都是无效的。因此他们很容易分心，很容易受到伤害、侮辱或者损伤，所以和他们进行客观讨论的时候必须留意，不要使谈论的内容与他们尊贵的娇嫩的自我有任何可能存在的负面的牵连。因为他们只在乎这些事情，此外无他。他们对他人对话中的一语中的之处，或者优美细腻之处、幽默风趣之处完全没有意识和感受，却对所有只是以非常遥远和非常间接的方式伤害到他们小小的虚荣心的方式和所有对他们高度珍视的自我的负面反射表现得极度敏感。他们受伤的样子就像一条小狗，人们没有看见它，轻轻地踩了它的脚掌，现在就不得不忍受它的吠叫。或者他们就像一个全身都是伤口和肿块的病人，我们只能小心翼翼地避免触碰他们。有些人甚至发展到极端的情况，如果有人在谈话中表现出了理解力和思想，或者是没有小心翼翼地掩藏它们，他们就会觉得受到了侮辱，尽管他们会隐瞒自己的想法。在这之后，那个缺乏经验的人就只能徒劳地反思，他到底是怎么引起了这些人的怒气与恨意的。但是要奉承和赢得他们的心也很容易。所以，他们的判断力在大多数情况下都是缺位的，那只不过是有利于他们的政党或者阶级的言论，而不是客观公正的表达。所有这些都基于一点，也就是意志在他们的身上远远地压倒了认识，他们低下的智力完全服务于意志，甚至一刻也无法摆脱意志。

一个很好的关于这种无情的人类主体的证据就是占星术，它说明了人类把一切都和自己关联起来，每种思想都直接回到自己身上。占星术将巨大的天体运行和悲惨的自我关联起来，把天空中的彗星和俗世的庸碌与肮脏联系在一起。但这种情况其实非常普遍，在最古老的时代就已经出现了（参见斯托拜乌斯相关著作）。

第二十七节

每当有人在公众面前发表了某种颠倒是非的论点，或者是在文学作品中书写了某种颠倒是非的东西又广泛地得到了接受，至少是没有遭到反驳，那么我们也不应该绝望，并且认为现在就只能不了了之。我们应该知道这一事实，并且用它来安慰自己：这一切都将在后世逐渐经历毁灭、澄清、思考、权衡和谈论的过程，在大多数情况下，它们都能够得到正确的审判。因此在经过了一段时间之后，人们几乎都会明白只有清晰的头脑一眼就能看清的艰深之处。因为一个拥有正确的洞察力的人在愚人中间就好像他自己的怀表是正确的，而全城的钟响时间都是错误的。只有他才知道正确的时间，但是这对他来说又有什么用呢？全世界都按照错误的城市大钟进行部署，甚至包括那些知道只有他的手表显示的才是正确时间的人们。

第二十八节

人类有一点和孩子很类似，也就是如果别人纵容他们，他们就会失去礼貌，因此我们绝对不能对任何一个人表现得太过屈服和溺爱。就像一般来讲，如果我们拒绝借钱给一个朋友，我们不会因此而失去这个朋友，但是如果我们借给了他钱，我们倒是很容易因此而失去他。同样的是，我们不会因为一些骄傲或者是疏忽的举止而失去一个朋友，但是经常会因为过分的友善和体贴而失去这个朋友，因为过分的友善和体贴会使朋友变得傲慢，令人难以忍受，这就导致了友谊的断裂。人们尤其无法忍受别人需要他们的这个想法。一旦认定被需要，不可避免的后果就是傲慢和专横。对有些人来说，只要和他们来往，经常和他们交谈，或者以某种信任的方式和他们交谈，他们就会表现出某种程度的傲慢和专横，他们很快就会觉得，别人必须容忍他们，于是试图逾越礼貌的界限。因此很少有人适合进行充满信任的交往，我们应该尤其小心避免和天性卑下的人们沆瀣一气。如果我们现在假设，有一个人认为我对他的需要胜过了他对我的需要，这样他就立刻会觉得好像我从他那里偷走了什么东西。他会试图报复，重新获得这种东西。人际交往中的优势完全来源于人们不以任何形式和任何方式需要别人，而且能够让别人看清这一点。因此我建议，无论对方是男人还是女人，都要时不时地让他们感觉到，没有他们，我们自己也可以过得非常好。这会使友谊变得更加稳固。对大多数人流露出一点轻视都不会有什么伤害，反而会产生一种效果，也就是使他们更珍惜与我们的友谊，有一句优美的意大利谚语说道："谁不崇敬别人，谁就受人崇敬。"但是如果谁对我们来说真的很珍贵，那么我们就应该在他面前把这一点隐藏起来，就好像这是一件罪行一样。这一点不会令人高兴，但这是真的。甚至一条狗也无法忍受过度的友善，更不用说人类了。

第二十九节

拥有高贵品格和崇高天赋的人们经常在人情世故方面暴露出明显欠缺，尤其是在他们的青年时代，很容易受到欺骗或者被人误导。而天性卑鄙的人却能够更快更好地知道如何在这个世界上找到自己的位置。这是因为人们在缺少经验的时候，就只能做出"先验"的判断，而一般来说，经验与"先验"并不相符。也就是说，平庸的人的"先验"就是触手可及的自我，但对高贵的和卓越的人们来说却不是这样。正是因为这一点，他们和其他人有着如此巨大的区别。他们会用自己的思想和行为去衡量他人，所以会失算。

但是如果这样的一个人也终于学会了"后验"，也就是经过了他人的教导和自己的体验，了解到从整体上来讲，大约有 5/6 的人在道德和智力层面都是不适合与之建立关系的，最好避免与他们来往，尽可能不要和他们接触，那么他还是几乎无法对这些人的渺小与无情形成一个充分的概念，而是会在一生中不断地对这个概念进行拓展和完善，但是在此期间还是会经常因为失算而使自己蒙受损失。然后，在他已经真正将得到的教训铭记于心以后，他还是偶尔会在和不太熟悉的人们交往的时候发出惊叹，因为这些人整体上在言谈举止中表现得非常理智、诚恳、正直、严肃和充满美德，甚至还显示出了机智和精神的高度。他不应该被这个现象所蒙蔽。因为其缘故仅仅在于，大自然创造人类的时候并不像那些低劣的诗人那样。后者在展现无赖和愚人的时候表现得非常笨拙和刻意，人们简直可以在这些人物后面看到作者本人，他否认着人物的思想和话语，并且用警告的声音发出呼喊："这是个无赖，这是个傻瓜，不要相信他说的话。"与之相反，大自然的造物就像莎士比亚和歌德的造物一样，在他们的作品中，每个人站在那里说话的时候都是有道理的，即便他是个魔鬼。因为他们得到了客观的呈现，我们才会对他们拥有兴趣，不禁对他们产生了共情，因为他们就像自然的作品一样，按照自己内心的原则发展，言行都非常自然，仿佛是出自必然。也就是说，如果谁期待在世界上看到长着角的魔鬼和挂着铃铛的傻瓜，那么他就总是会成为他们的战利品或者是他们的玩物。此外，在与人交往的时候，人们就像月亮和驼背的人，总是只会展现出自己的一面，每个人甚至都有一种与生俱来的天赋，以模仿的方式把自己的面容加工成一副面具，准确地显示出他实际上应该展现出来的样子。因为他们完全是根据自己的个性来进行计算的，所以这副面具与他非常相配，能够产生极具欺骗性的效果。当他需要谄媚的时候，他就戴上这副面具。我们应该把这副面具仅仅视为一张油布，还要记住这句一语中的的意大利谚语："没有一条狗坏到不肯摇尾巴。"

无论如何，我们都应该小心，不要给予一个刚认识的人过高的评价，否则在大多数情况下，这都会给自己招致羞辱甚至是损伤，并且感到失望。在这里，我们也要注意，正是一个人不那么注意的细节展现出了他的性格，因此人们经常可以在细微的举动中、在纯粹的举止中轻而易举地看出另一个人显而易见、毫无限度、完全不顾及他人的自我中心主义，这样的人在大事上也不会改变自己，尽管可能会进行掩饰。我们不能错过这种观察人的机会。如果一个人在生活中微不足道的日常交往与关系中，在"法律不处理的小事"上毫无顾忌，只寻求自己的利益或者是自己的舒适，不惜给别人带来负面的影响，如果他把原本属于所有人的东西据为己有，那么我们就可以坚信，在他的心里没有公正，如果法律和权力机构没有对他进行约束，他在大事上就也是个恶棍，我们不应该对他有丝毫的信任。是的，如果谁无所顾忌地破坏自己社交圈里的规则，那么只要没有危险，他就也会破坏国家的法律①。

如果一个和我们有着联系或者来往的人做了某些使我们感到不适或者气恼的事情，那么我们就不得不自问：他对我们来说是否真的有这么多的价值？因为我们肯定还会一而再再而三地忍受他的这个变本加厉的行为（原谅和遗忘就意味着把我们的宝贵经验从窗口扔出去）。如果我们觉得他真的有价值，那么就不用对此多说什么，因为言语没有什么助益。也就是说，我们必须让这

---

① 如果在人们的身上，就像大部分情况那样，好的地方胜过了坏的地方，那么我更建议信任他们的公正、公平、感恩、忠诚、爱意或者是怜悯，而不是信任他们值得恐惧的地方；但是如果情况相反，我的建议就也相反。——作者原注

件事情过去，无论进行告诫还是不进行告诫。但是我们应该知道，我们很可能还会遭遇同样的事件。如果我们觉得他没有这样的价值，那么我们则应该立刻永远结束这段珍贵的友谊。或者，如果这个人是我们的用人，我们就应该解雇他。因为在相同的情况下，他又会难以避免地做出相同的或者是非常类似的事情，尽管他现在可能会向我们作出崇高和正直的保证，保证不会再这样做。一个人很有可能会忘记所有一切，唯独不会忘记他自己，忘记他自己的本质。因为性格根本就无法纠正，因为人类的所有行动都源自自己内心的原则，在相同的情况下，一个人总是会做出相同的事情，他做不出其他的事情。可以阅读我关于自由意志的获奖论文^①，从而摆脱这种妄念。因此，和已经断交的朋友和解是一种软弱的行为，我们会为此付出代价，因为一有机会，他就会再次做出导致断交的相同行为，甚至还会更加鲁莽，因为他默认自己是不可或缺的。已经解雇但又重新被聘用的人也是一样。正因如此，出于同样的理由，我们不可以期待一个人在改变了的境况下依然像以前一样行事。更确切的说法是，人们的观点和行为会随着自己的利益快速改变。是的，他们的短视导致了他们蓄意的变化，如果我们不对他们提出抗议，我们自己就不得不变得比他们还要短视。

---

① 指《论自由意志》。

因此我们可以假设，如果我们想要知道一个人在我们设想的情况下会如何行动，那么我们就不能把我们的设想建立在他的许诺和保证之上。因为即便他说话的时候是真诚的，那么他谈论的也是他并不了解的事情。也就是说，我们只能通过权衡他将要涉足的状况还有这种状况与他的性格的冲突，来计算出他的行动。

如果要对人类真实的、非常可悲的特性，获得一种必要的、清晰的、根本的理解，那么有一种很有教益的做法，就是把文学中的行为举止当作现实生活中行为举止的注解，"反之亦然"。这非常能够帮助我们避免错误地认识自己，同时也避免错误地认识他人。但是在这个过程中，我们不要因为在生活中和文学作品中遇到的特别卑鄙或者愚蠢的人们感到郁闷和愤怒，而是要把他们仅仅当作我们的认识素材，他们会对我们认识人类性格的过程做出贡献，因此我们应该留意他们。我们观察他们的样子就应该像矿物学家偶然发现了某个非常典型的矿物标本那样。也有一些例外，是的，个体之间的差异非常巨大，简直大到难以理解。但总体而言，就像我很久之前说过的那样，这个世界令人气恼，野蛮人彼此相食，文明人彼此欺骗，人们就把这些称为世界的进程。国家和所有那些对外和对内的机器和武装手段，如果不是为了限制人类扭曲的、极端不公正的行为，又是为了什么？难道我们还没有看出来，在整部历史中，每一位国王一旦站稳脚跟，享受到了他的国家的一点繁荣，就会利用这种繁荣来建立军队，像率领着一群强盗一样袭击他的邻国吗？难道不是几乎所有的战争从本质上讲都是抢劫吗？在遥远的古代，在中世纪的一部分时期，战败者会沦为战胜者的奴隶，也就是说，他们不得不为战胜者工作。但是那些为战争出力的人其实也是在为战胜者工作。也就是说，他们交出了早年工作的收入。伏尔泰说："所有的战争都不过是抢劫。"德国人应该承认这一点说得很对。

第三十节

没有一种性格应该完全放任自流，独自发展，每种性格都需要概念与格言的指导。但是如果我们做得太过分，也就是说已经压倒了我们与生俱来的天性，仅仅出于理智的考量发展出了一种性格，一种真正的后天习得的人为性格，那么我们很快就会发现这句话说得很对：

天性被叉子赶走，但是它还要回来。

——贺拉斯

因此，我们可以清清楚楚地看出一些对待他人的规范，甚至能够一语中的地表达出来，但是在实际生活中，我们立刻就会违背这些规范。但我们还是不应该因此感到丧气，并且认为在世界中不可能依靠抽象的规范和格言来引导自己的举止，因而自行其是。事实上，所有理论规则和指导应用于实际都会遇到类似的事情。我们首先要理解这些规范，然后才能学着运用这些规范。前者可以通过理性一次性做到，后者却需要通过逐渐练习才能够学会。我们教给学生一种乐器的指法，或者是击剑中防守和进攻的方式，尽管他做了最好的准备，他还是会立刻就迎来失败，这时他就会觉得，在快速阅读乐谱和进行激烈比赛的时候运用技巧是不可能的。但是他会通过练习逐渐学会一切——通过指法练习，跌倒和站起。要掌握拉丁语的书写和对话的语法规则也是这样。也就是说，如果一个蠢人想要成为宫廷侍者，一个头脑发热的人想要成为精于世故的人，一个公开谈论一切的人想要保守秘密，一个贵族想要变得愤世嫉俗，除了练习没有其他的办法。但是这种通过长久的习惯达成的自我压抑始终是一种外在的强制力，天性从来没有完全停止过对这种力量的抗争，偶尔会出乎意料地打破这种强制力。所有依据抽象的格言采取的行动比起那些发自原始、原生倾向的行动，都像一件人工的艺术品，比如钟表——我们给异质的材料强加了形式和运动；而后者则像一个鲜活的有机体，形式和材料彼此浸透，合二为一。这种习得的性格与天生的性格的关系验证了拿破仑皇帝的一句话："一切非自然的东西都是不完美的。"这句规则普遍适用，尤其是在生理和道德层面。我能够想起来的唯一一例外就是矿物学家都知道的天然砂金石，它没有办法与人工的媲美。

因此，我在这里也尤其想要警告所有装腔作势的人。这种行为总是会引发鄙视。首先，它是一种欺骗，是出于懦弱，因为它建立在恐惧之上；其次，它是对自身的自我谴责，因为人们想要显示出并不是自己的那个样子，还觉得这个样子比自己本人更好。装腔作势和自我吹嘘其实是一种自我坦白，表示这个人并不拥有那些东西。无论是装作勇敢、博学、聪明、机智、女人缘好、坐拥财富还是地位卓著，我们都可以由此得出结论，他刚好就欠缺这种东西。因为如果谁真的拥有某种完美的特质，他就不会让它显得引人注目，把它摆出来吹嘘，而是会因为拥有它感到心平气和。这也就是那句西班牙谚语的含义："叮当作响的马蹄铁少了一个钉子。"无论如何，就像我在一开始所说的，任何人都不能无条件地信马由缰，展示出自己的本色，因为我们天性中有许多恶劣的和兽性的东西应该被隐藏起来。但这只是我们隐藏消极因素的理由，而不是假装拥有积极因素的理由。我们也应该知道，在一个人意识到自己开始装腔作势之前，别人就已经发现他在装腔作势了。最后，他不会坚持很长时间，面具总有一天会掉落。"没有人可以长时间戴着面具。人们很快就会回归天性。"（塞内加《论仁慈》第 1 部）

第三十一节

就像一个人背负着自己身体的重量，却不会感觉到重量，但是在移动任何一个他人的时候都会感受到他的重量一样，人们也不会注意到自己的缺陷与恶习，而是只会注意到他人的不足。因此每个人都应该把他人作为一面镜子，在里面可以清清楚楚地看到自己的恶习、缺点、不礼貌和各种令人反感的地方。只是在大多数情况下人们都表现得像一条狗，对着镜子咆哮，因为它不知道它看到的就是它自己，而是以为那是另一条狗。如果谁对别人的缺点吹毛求疵，那么他其实是在准备着自我改进。也就是说，那些喜欢或者习惯以最严格的标准默默留意他人行为举止的人也在对自己进行着专注和尖锐的批判，因此进行着他们的自我改进和自我完善。因为他们要么是非常公正，要么就是拥有足够的骄傲和虚荣心，想要避免自己做出他们经常会严厉谴责的事情。对于那些宽容者来说，事情则相反。也就是说："我们祈求自由的同时会给别人自由。"《福音书》中的道德教化非常正确，它说人们见得到别人身上的刺，却不知道那是自己眼里的梁。但是眼睛的本质就是向外看的，没有办法看到自身，因此，注意和谴责他人是警示我们自身缺陷的一个非常恰当的手段。我们在自我改善的过程中需要一面镜子。

这一条规范也适用于写作风格和写作方式。如果谁对某种愚蠢的新形式表现出赞赏而不是批判，那么他就会模仿它。因此每一种新形式在德国都能迅速流行起来。德国人非常宽容。我们已经注意到了这一点。"我们祈求自由的同时会给别人自由"是他们的格言。

第三十二节

高贵的人相信，在青年时代，人与人之间本质性和决定性的关系以及由此产生的联盟是理想化的，比如说是建立在思想内容、思考方式、艺术品位、精神力量等方面的相似之处上。但是他之后会意识到，这些关系和联盟其实非常现实，也就是说，建立在某种物质性的利益之上。几乎所有的关系都以这一点为基础，甚至大多数人对其他关系根本就没有概念。因此任何人都根据一个人的官职、职业、民族、家庭，也就是根据习俗分配给他的地位和角色来对他进行考量。这样他就会得到分类，受到像商品一样的对待。与之相反，他本人所是的东西，也就是他作为一个人所拥有的人格特性却只是得到随意的、偶然的提及，只要对方觉得方便，会把他的个性搁置一边，视而不见——此为大多数的情况。但是一个人自身拥有的东西越多，他就越不喜欢这种规范，也就是说，他会试图从这个圈子里抽身而出。但是这种规范建立在一个事实之上：在这个充满了困境和需求的世界上，应对困境和需求的手段无论在哪里都是最为重要的，因此也是占据了统治地位的。

第三十三节

就像纸币取代了银币，在这个世界上流通的不是真正的尊重和真正的友情，而是在外表上尽可能自然地模仿尊重和友情的姿态。但另一方面我们也可以自问，到底有没有真正配得上尊重和友情的人们。无论如何，我承认一条诚实的狗摇尾巴的样子要胜过那些表面功夫和表面姿态几百倍。

真正、真实的友谊的前提是对他人的快乐与痛苦有着强烈的、纯粹客观的和完全脱离利益的感同身受，也就是我们自己与朋友真正地合二为一。人类天性中的自我中心主义与这一点形成了强烈的冲突，所以真正的友谊就像那些巨大的海蛇，我们不知道它们是传说，还是确实存在于某处。人类之间的许多关系当然主要是建立在各种各样隐藏起来的自我中心的动机之上，但是它们也包含了些许真正和真实的友谊，并且因此变得高尚。在这个并不完美的世界上，我们毕竟也有一些理由将这些关系称为友谊。它们超越了日常的勾结关系。如果我们知道我们的大部分好朋友在我们背后所说的话，我们就不会再想跟他们说话了。

要考验友谊的真实性，除了在需要真正的帮助和重大的牺牲的情况之下，最好的机会就是在我们向他报告某种我们刚刚经历的不幸的时刻。也就是说，他的表情要么显露出真实、真挚、不容混淆的忧伤，要么就是能够通过他的镇定自若或者转瞬即逝的微表情验证拉罗什富科的那句名言："我们最好朋友的不幸会带给我们某种并不会使我们不悦的东西。"我们称为朋友的那个人在这种情况下经常无法掩饰一丝愉快的微笑。很少有事情比听说别人刚刚经历的不幸或者是听别人毫不隐瞒地坦白自己的弱点更能够给人带来确切的好情绪了。真是典型的人类性格特征！

相隔太远和长期不见会对所有的友谊产生影响，尽管人们不愿意承认这一点。即便是我们最亲爱的朋友，如果我们无法相见，那么彼此的形象也会随着岁月的流逝变得干枯，逐渐变成抽象的概念，我们对他们的共情也会越来越理性，甚至变成了一种惯性。生动和深刻的感受只能保留给我们眼前的事物，即便只是我们喜爱的动物。人类的天性就是如此感性。也就是说，歌德的话在这里也得到了验证：

当下是一位权力无边的女神。

——《塔索》

"住家朋友"在大部分情况下都是一个准确的称呼，他们更像是房屋的朋友，而不是房屋主人的朋友，也就是更像猫而不是狗。

朋友们都自诩坦率，但只有敌人才是坦率的。因此我们应该利用敌人的指责进行自我认知，把它当成一剂苦口良药。

患难之交非常罕见吗？恰恰相反！我们几乎刚刚缔结一段友谊，他就已经陷入了困境，不得不向我们借钱了。

第三十四节

一个鲁莽的人才会想要展示自己的精神和理解力，以此作为赢得社交圈喜爱的手段！事实却是，在占据压倒性数量的大多数人那里，这个人只能够激起他们的仇恨与愤怒，而且这种情绪还会不断加剧，因为感受到这种情绪的人们觉得抱怨这件事情是不正当的，甚至必须把这种情绪隐藏起来。更实际的情况是这样的：如果一个人注意到并感受到了和自己谈话的人的身上具有某种巨大的精神优势，那么他就会在内心里下意识地得出结论，认为另一方也在同样的程度上注意并感受到了他的劣势和局限。这种移情方式会激发他那苦涩的仇恨、愤怒还有怨气。[1] 因此格拉西安[2]说得很对："为了非常好地取悦别人，唯一的方法就是给自己披上一层最简单的动物的外衣。"（《处世寓言与谨慎的艺术》，《作品集》1702 年版。）如果显示自己的精神和理解力，那么这只是一种间接地指责别人无能和愚蠢的方式。此外，一个天性庸俗的人在面对与自己相反的人的时候，嫉妒就会在他的心里煽动起某种隐秘的抵触情绪。因为就像我们每天都可以观察到的那样，对他们来说，满足虚荣心是一种无上的享受，但是这种享受只有在把自己和其他人进行比较的时候才是有可能的。而人类最引以为豪的就是精神方面的优势。人类只是因为这方面的优势才领先于动物[3]。从这

---

[1] 参见《作为意志和表象的世界》，关于约翰逊博士和歌德青年时期的朋友梅克的引文。

[2] 格拉西安（1601—1658）：西班牙哲学家、作家，代表作有《处世寓言》《谨慎的艺术》。叔本华曾将上述两书译为德文，合为一册出版。

[3] 我们可以说，意志是人类赋予自己的，因为意志就是他本身，但是智力是他从上天那里得到的条件，也就是说，智力来自于永恒、神秘的命运及其必然性，他的母亲只是他的工具。——本书原注

个角度来看，让别人见证自己绝对的优越性是一件非常鲁莽的行为。人们会因此受到挑衅，转而想要去报复，在大多数情况下会去找寻机会，通过侮辱的方式使对方离开智力的领域，进入意志的领域，在这个领域，所有人都是平等的。因此在这个社会上，地位和财富始终可以获得高度的尊敬，而精神的优势却绝对不能期待得到这样的待遇。最好的情况就是被人忽视，否则就会被视为一种无耻的行为，或者会被视为拥有者用非法的方式取得了它，现在竟然还引以为豪。也就是说，人们会默默盘算以各种方式羞辱他，只等一个时机到来。就连最谦卑的举止几乎也很难祈求到他人对自己精神优势的原谅。萨迪在《蔷薇园》中说道："我们知道，不明事理的人对明事理的人的反感，要甚于明事理的人对不明事理的人的厌恶几百倍。"与之相反，表现出精神方面的低劣是真正值得推荐的做法。正如温暖让我们的身体感到舒适，精神也会因为优越感觉到舒适，因此每个人都会出于本能，像靠近炉火或者是日光一样接近向他许诺了优越感的对象。现在，和自己具有明显的差异的对象，对男人来说是精神的特性，对女人来说是美貌。当然，我们如果要毫不做作地对有些人证明自己的低劣，就需要做些额外的事情。因此我们可以看到，一个相貌平平的女孩可以和一个丑陋的女孩建立起多么真挚的友谊。身体上的优势在男人那里不是那么的重要，尽管我们站在一个矮小的人的身边会比站在一个高大的人的身边更舒适。也就是说，在男人中间，愚蠢和无知的人最受欢迎，在女人中间，丑陋的人一般最受欢迎。这些人很容易就能够获得心地善良的名声，因为每个人都需要为自己和他人的喜爱找一个借口。正是因此，各种形式的精神优势都是非常容易受到孤立的品质。他们会从这个人面前奔逃，会憎恨他，会找出这个拥有精神优势的人的各种缺点作为借口①。正因如此，美貌在女人中间也发挥了同样的作用。非常漂亮的女孩根本就没有女性朋友，甚至也没有女伴。她们最好不要去申请成为那些社交圈女伴。因为她们一露面就会使她们期待中的新主人脸色阴沉，她们或者她们的女儿绝对不需要这样的"绿叶"。与之相反，地位层面的优越性是另一回事，因为这并不像个人的优势那样，通过对比和差异发挥作用，而是通过反射发挥作用，就像映照在我们脸上的环境光。

---

① 要在这个世界上进步，友谊和战友精神是主要的手段。然而出色的能力使人骄傲，因此不愿意去奉承那些能力低下的人们。但是正因我们能力出众，才应该在他们面前隐藏和否定自己的能力。与之相反，意识到自己的能力平庸却会产生相反的效果：它带来的杰出的副作用是谦卑、和善以及对能力低劣的人们的喜爱和尊敬，也就是说，他们能够制造朋友和支持者。我在这里所说的话不仅仅适用于国家公职，也适用于学术界的荣誉职位、尊严甚至是名誉，例如，在学院里，受人喜爱的平庸之人永远身居高位，做出贡献的人们很晚或者永远也无法进入学院，在其他领域也是一样。——本书原注

第三十五节

我们信任别人，这在大部分情况下常常是出于懒惰、自私和虚荣。懒惰是因为我们不想自己考察、自己监视、自己行动，宁可信任其他人。自私是因为我们需要把我们的事物透露给别人。虚荣是因为我们所谈论的事情对我们有利。但是我们也同样希望能够荣幸地得到其他人的信任。

面对不信任，我们不应该感到愤怒。因为这其中包括了对诚恳的赞美，也就是说这种直率的坦诚就已经非常罕见了，甚至属于那些我们会怀疑是否还存在的事物。

第三十六节

中国人认为礼貌是很重要的美德，我在《伦理学》中已经给出了一个原因，现在是另一个原因。礼貌是一种静默的协议，双方都忽略对方悲惨的道德和智力处境，不让这一点暴露出来。这样一来，礼貌对双方都有好处，问题不会轻易暴露出来。

礼貌是一种智慧，因此不礼貌是一种愚蠢。以不必要和任性的方式树敌简直就是在发疯，就好比一个人放火烧了自己的房子。礼貌就像是一种筹码，一种得到了公开承认的假币。在使用假币的时候表现出吝啬证明了这个人并不理智，与之相反，慷慨大方则是明智的做法。所有的民族在信件结束的时候都会写"您最忠心的仆人"。只有德国人回避"仆人"一词，因为这并不是真的！但是，如果谁因为礼貌而牺牲了真实的利益，那么谁就是用真金兑换了筹码。就像蜡一样，本质上坚硬易碎，但是因为一点暖意就会变得柔软，可以被塑造为任意的形状，人们也可以通过礼貌和友善使一个即便固执和满怀敌意的人变得顺从和令人喜爱。礼貌对人的作用就像是温暖对蜡的作用。

当然，如果礼貌要求我们对所有人都显示出莫大的尊敬，而大多数人都配不上这种尊敬，那么这就是个艰难的任务了。这时我们就需要在他们身上找到最活跃的部分进行自我刺激，而我们如果不需要与他们往来，那我们就会变得非常快乐。将礼貌与骄傲结合起来是属于大师的技艺。

侮辱实际上一直都是轻视的表现。如果我们一方面并不非常夸张地设想我们崇高的价值和尊严，也就是说不陷入无边无际的高傲，另一方面心里又清楚每个人心里通常对别人都是怎么想的，我们就不会在面对侮辱的时候表现得过于失控。大多数人对遇到的最轻微的指责暗示都非常敏感，所以，如果他们听到了他们的熟人在背后谈论他们，那会是怎么样的反差啊！我们应该时刻谨记，惯常的礼貌只是一张咧嘴笑的面具。如果他们突然挪开了面具，或者在一瞬间收起了他们的面具，我们可不能大吵大闹。但是如果一个人表现得非常粗俗，那么就好像他脱掉了衣服，全裸着站在那里。当然，就像大多数人一样，他在这种情况下会显得很难堪。

第三十七节

在决定自己做什么与不做什么的时候，我们不能以任何人作为榜样，因为情况、环境和关系绝对不会完全一样，而性格的差异也会给行动染上不同的色彩，因此"两个人做一件事情，却不是同一件事情"。我们必须在深思熟虑、仔细权衡之后按照自己的性格行事。也就是说，在实践过程中，原创性是必不可少的，否则我们做的事情就与我们所是的人并不相符。

第三十八节

我们不应该驳斥别人的观点，而是应该记住，如果一个人相信自己所说的所有荒谬的话语，那么即便我们抵达了玛士撒拉①的高龄，我们也没有办法驳倒这个人的观点。

此外，在谈话的过程中，我们也要避免提出尽管是出自善意的纠正意见。因为使人们感到困扰是很容易的，但是要改善这种情况是很难的，甚至是不可能的。

如果我们听到了一组荒谬的对话，开始感到生气，我们就必须记住，这"屡试不爽"，只不过是两个傻瓜之间的滑稽剧。如果谁来到这个世上，想要在最重要的事情上严肃认真地教导人们，那么

---

① 玛士撒拉：《圣经》中活到了 969 岁的老祖宗。

他能够全身而退就是一种幸运了。

第三十九节

如果谁想要让别人相信他的判断，那么他就应该冷静而不带激情地讲话。因为所有的急切都来自于意志。这样一来，人们就不会把激烈的判断视为认识，因为认识的本质是冷静的。也就是说，人类身上的激进特质来自于意志，认识只不过是次要的和补充的，所以人们宁可相信这种判断是来自激动的意志，而不会相信意志的激动是因为做出了这个判断。

第四十节

即便是在非常有道理的情况下，我们也不应该自我夸赞。因为虚荣是一件十分常见的事物，但贡献又是非常罕见的，因此尽管我们可能只表现出了间接夸赞自己的样子，人们却会以一对百的赔率打赌，指出我们这样说只不过是出于虚荣，我们被冲昏了头脑，看不出我们说的话有多么可笑。但是培根的话也不是完全没有道理，他说，污蔑"总会达到一定的效果"，自我夸赞也是这样。因此我推荐适度地进行自我夸赞。

第四十一节

如果我们怀疑一个人在说谎，我们就应该假装相信，这时他就会变本加厉，说更大的谎，然后自我暴露。如果我们注意到相反的事情，也就是他想要隐藏某种真相却已经部分泄露了这种真相，我们就要装作不信，这样他就会受到这种否定的挑衅，把全部的真相倾吐出来。

第四十二节

我们要把所有的个人事务都视为秘密，我们不能让我们最亲近的熟人看到他们的眼睛不能够看到的东西。因为随着时间和处境的改变，他们所知道的最为无害的事情也有可能对我们产生负面的影响。一般来说，我建议我们用我们所隐瞒的事情来显示我们的理解力，而不是用我们所说的事情。前者是机智，后者是虚荣。采取这两种举动的机会经常是均等的。但是我们经常选择当下的满足感，也就是后者所能够保障的东西，而不是前者所能够带来的实际的用处。甚至那种生机勃勃的人们非常喜欢的能让自己内心放松的高声交谈的行为也应该放弃，这样一来，这种行为就不会成为习惯。因为一旦形成了习惯，思想就会与言语情同手足，亲密无间，言语也会逐渐地大声宣告思想。而机智的做法是在我们的思想和我们的言谈之间公开保留一段较远的距离。

我们偶尔也会觉得别人根本就不会相信涉及我们的事情，根本不会想到要去怀疑这些事情，但是如果我们确实已经引起了他们的疑心，那么他们就肯定不会再相信我们了。可是我们经常会暴露我们自己，仅仅是因为我们以为人们不可能注意到某些事情，就好像我们从高处跌落是因为晕眩，也就是说，因为我们觉得稳稳地站在这里是不可能的。站在高处的折磨是如此巨大，最好还是缩短这段时间，这种妄念就被称之为晕眩。

另一方面，我们应该清楚，即便是从来没有显示出头脑特别敏锐的人们，也都可以成为研究他人的个人事物的杰出专家，只要通过掌握的一些细节，他们就能够解决最复杂的难题。比如说，如果我们告诉他们一些往事，却没有透露任何名字和其他的人物关系，那么我们就应该小心，不要详细描述任何肯定的和具体的情况，无论有多么微不足道，无论是地点、时间还是一个不重要的名字，甚至只是一件不直接相关的事情。因为这样他们就立刻获得了肯定的细节，可以通过他们那专家般的敏锐头脑推断出所有的一切。也就是说，好奇者的兴奋之情在这个方面如此强烈，借由这种兴奋，意志激发智力，最终抵达最不起眼的结果。尽管这些人对普遍的真理毫无感知，无动于衷，他们却对个人的真相非常感兴趣。

正因如此，所有传授处世智慧的导师都将沉默作为最紧迫的论点，从多个角度推荐给人们。所以我也就说到这里为止。只是我还想再引用几句非常恳切却不为人知的阿拉伯谚语。"敌人不该知道的事情，也不要告诉你的朋友。""如果我保守我的秘密，那么它就是我的囚徒；如果我说漏了嘴，我就是它的囚徒。""沉默之树会结出它的果实，那就是平静。"

第四十三节

没有任何金钱比我们被骗取的金钱花得更有益处，因为我们间接地买到了智慧。

第四十四节

我们应该尽可能地不与任何人为敌，但是我们应该小心留意每一个人的"举止"，并且牢牢地记住它们，由此确定我们对待他们的行为举止规范。我们要始终坚信：性格是无法改变的。忘记一个人的恶劣特性就像把辛辛苦苦挣来的钱抛掉一样。只有这样我们才不会形成愚蠢的信任关系，结下愚蠢的友谊。

"不去爱也不去恨"包含了处世智慧的一半，另一半是"什么也不要说，什么也不要信"。当然，对于一个需要遵守这条规则和下述规则的世界，我们很愿意转过身。

第四十五节

在言语或者神情中流露出怒火或者仇恨是危险、不智、可笑和庸俗的行为。同样地，我们也绝对不能在行为中对别人展现出怒火和仇恨。如果人们能够完美地避免前者，那么人们也就能够完美地避免后者。只有冷血的动物才是可怕的。

第四十六节

"说话不要带任何重音"，这条世故之人的古老规则的目的是让我们把自己说的话交给其他人的理解力，因为这个过程很慢，在他们理解完成之前，我们已经把话说完了。与之相反，"说话带重音"就意味着我们在煽动情感，这样一切就会出现相反的效果。对有些人，我们甚至可以用礼貌的手势和友善的语调说出真正无礼的话语，却不会造成任何直接的危害。

我们对于命运和世事的发展应持有的态度

第四十七节

无论人生采取何种形式，人生也总是由同样的元素组成的，因此无论人生是在陋室里还是在宫殿里、在修道院中还是在军队中度过，人生的本质都是一样的。尽管人生的际遇、冒险、幸福与不幸的遭遇是如此丰富多彩，它也依然像糖果一样。糖果有着如此多非常朴素或者斑斓多姿的色彩和形状，但都是用同一种糖浆制作出来的，一个人的际遇和另一个人的经历的相似性也远胜过我们所听到的。我们生活的进程就像万花筒里的图像，每次转动看到的东西都不一样，但我们眼前始终是同一件东西。

第四十八节

一位古典时期的人一语中的地说过，在这个世界上有三种强权——智慧、力量和运气。我觉得最后一个是最为重要的。因为我们生活的道路就像船只的航行。命运，也就是"顺境和逆境"扮演风的角色，使我们快速前进或者是极速后退，我们自己的努力和操作只能够起到很小的作用。也就是说，我们自己扮演着船橹的作用。我们已经竭力工作了一连几个小时，前进了一小段，这时突然吹来一阵狂风，又将我们远远地抛到了后面。相反，如果强风推动我们，我们就不需要划桨了。有一句西班牙谚语以超凡的方式表达了运气的强大力量——"赐予你的儿子好运，然后把他扔进海里。"

偶然很有可能是一种邪恶的力量，我们应该尽可能少地听其摆布。但是在所有的赐予者中，只有这位在赐予的同时也向我们清清楚楚地展现出：我们对它的赠礼根本就不应该有所要求，我们不能觉得，我们得到这些东西仅仅是因为自己配得上，而是也要考虑赐予者的仁慈和恩典，难道我们不应该怀着最愉悦的希望，谦卑地迎接更多的赠礼吗？这就是偶然。它懂得君王的艺术，可以让我们看清：一切功绩都是由于它的利益和恩赐，此外无他。

如果我们回顾自己的人生道路，俯瞰我们"迷宫一般的歧路"以及如此多错过的幸福和如此多不得不经历的不幸，我们就很容易陷入自我谴责。其实，我们的生活轨迹绝不仅仅是我们自己的作品，而是两种因素的产物，也就是一连串的际遇和我们一连串的决定，这两者互相渗透，彼此调整。此外，我们在这两方面的视野永远都是非常局限的，我们无法提前很早就知道我们的决定，也不能预知我们的际遇，事实上，我们都只能正确地认识到这两者的当下情况。因此，只要我们的目标还在原处，我们就无法笔直地掌舵，而是只能根据猜测，大致向着我们的方向前进，也就是说，我们必须经常调整方向。这一切都说明了，我们能够做的就是始终根据当前状况调整我们的决定，心里怀着接近首要目标的希望。大多数际遇和我们的根本打算是背道而驰的，被不同的力量扯向不同的方向，由此而产生的对角线就是我们的生活轨迹。泰伦斯①曾经说过："人生就像掷骰子，如果掷出的最大子不合你意，你就只能对命运作弊，去改变骰子。"这应该是来自于观察骰子游戏的想法。简而言之，我们可以说，命运洗牌，我们打牌。我的观点可以用下面这个比喻得到最好的表达：生活就好比一局纸牌游戏，我们制订计划，这个计划一直存在，但其如何实施在牌局中要由对手决定，在生活中要由命运决定。在大部分情况下，我们不得不对我们的计划作出大幅调整，最后实施的计划几乎已经面目全非了。

此外，在我们的生活进程中也有某种超越一切的东西。我所说的是这样一条琐碎但是经常被证实的真理：我们经常要比我们自以为的还要愚蠢。从另一个方面看，我们也经常比我们自以为的更聪明。我们往往直到事后才会发现这一点。我们体内拥有某

---

① 泰伦斯（约前190—前159）：古罗马喜剧作家，代表作《两兄弟》《婆母》等。

种比我们的头脑更智慧的东西。也就是说，在面临重大事件的时候，在迈出我们生命进程中至关重要的那一步的时候，我们并不完全是遵循清晰正确的认识，也在遵循内心的冲动，我们可以称之为本能，它来自我们本质的最深处。我们在事情发生之后会对自己的行为进行挑剔，根据清晰的、但也是匮乏的和后天习得的甚至是借来的概念，根据普遍的规则，将我们与其他人的例子相比较，却没有充分考虑到"一条规则不可能适用于所有人"，这时我们就很容易不公正地对待自己。但是在最后，结果会显示出谁是对的，只有幸运地活到高龄，才能够从主观和客观两方面来评判事物。

也许我们心里总有某种内在的冲动成了我们下意识的指引，这是一些具有先知色彩的梦境，但是在醒来以后会被我们遗忘。正因如此，我们的生命拥有了某种匀称的音调和某种戏剧化的统一性，而我们那时常摇摆和错乱、很容易举棋不定的大脑意识很难给我们提供这些东西。比如说，由于一个人青年时期在内心里感受到一种秘密的指令，要求他成就一番伟业，那么他就会像建筑蜂巢的蜜蜂一样去这么做。对每个人来说，它就是巴尔塔萨尔·格拉西安所谓的"最大保障"。本能就是对自身最好的保护，如果没有本能，一个人就会走向毁灭。根据抽象的原则行事是很困难的，经常在经过多次练习之后才能成功，而且也不是每次都能取得成功，因此抽象原则也是不够的。与之相反，每个人都有某种天生的特定原则，就藏在他的血液与汗液之中，因为它们是这个人全部思想、感受和意愿的结果。大部分时候，人们都不是以"抽象的方式"来了解它们的，而是直到回顾自己的生命的时候才认识到，自己始终遵循着这样的原则，就像被一条看不见的线索牵引着一样。每个人都有不同的原则，引领他们走向幸福或者是不幸。

第四十九节

我们应该始终记住时间和眼前事物的变迁造成的影响，因此对于所有正在发生的事情，我们都应该能立刻想象出它的相反面，也就是说，面对幸福能够栩栩如生地想象出不幸，面对友谊想象出敌意，面对好天气想象出坏天气，面对爱情想象出仇恨，面对信任和坦然想象出背叛与懊悔，反之亦然。这始终都是真正的处世智慧的源泉，使我们始终都能够保持深思，不轻易上当受骗。大多数情况下，我们会因此预先料到时间的影响。但也许对于正确地评估事物的反复变迁而言，没有什么知识比经验更重要了。因为任何状态在自己持续的时间里都是必然的，因此它的存在也是非常合理的，所以看起来每一年、每一月、每一天都好像永远是合理的，会永恒地存在。但是没有什么能够永存，唯一恒久的只有变化。聪明的人不应该被表面上的稳固性欺骗，而是应该首先预见到变化的方向①。然而，人们会把事物暂时的状态或者是生活的方向看作某种持久不变的规律，这是因为他们只看得见眼前的影响，却看不到原因，而原因包含着未来变化的萌芽，影响却并不包含这些东西。人们固守着这些影响，认为是许多未知的原因导致了这个结果，觉得这个结果依然能够维持下去。但是在这个过程中，这样的人也有一个优势，也就是在他们犯错的时候，他们总是"普遍地"犯错，因此，当灾难作为后果降临的时候，他们永远是普遍地经历灾难。但是如果一个思想家犯了错误，他就只能独立承担后果了。我们可以顺便证实我之前说过的话，也就是谬误来自于从结果倒推原因的过程（《作为意志和表象的世界》第1卷）。

但是我们只应该从理论上预先估计时间的影响，而不是在实践中照方抓药，提前向时间索要只有时间才会带来的东西。因为如果谁这样做，谁就会知道，没有比时间更恶劣、更苛刻的债主了，如果要强迫时间预支，那么利息就会比任何一个犹太人索取

---

① 偶然在所有的人类事务中间都有巨大的活动空间，当我们试图通过某种牺牲避免咄咄逼人的遥远危险的时候，这一危险却常常因为不可预见的变化消失了，现在不仅仅是付出的牺牲白费了，而且这种牺牲带来的变化在已经转变的状态下也会给我们带来不利。因此，我们不得不在采取防范措施的时候避免考虑到太远的未来，而是应该考虑到偶然因素，勇敢地面对风险，心里希望它们会像大多数雨云一样飘散。——作者原注

的利息都要高。例如，我们可以用加热生石灰的方法来催熟一棵树，这样它就会在几天之内长出树叶、开花结果，但之后它就会枯死。如果少年从现在就开始履行成年男人的生育能力——甚至仅仅维持几个星期——在十九岁的时候做他三十岁才能够非常好地进行的活动，那么时间无论如何还是会为他提供预支，但是他未来精力的一部分，甚至是一部分生命本身就会成为利息。面对一些疾病，我们可以从中完全恢复过来，因为我们按照它们的自然进程，让它们自己走向痊愈，最终不留一丝痕迹。但是如果人们要求立刻恢复，现在就重获健康，那么时间在这个时候肯定也会提供预支。疾病会被赶走，但利息就是虚弱和慢性的恶疾，有可能会伴随一生。如果我们在战争或者是动乱的年代里需要金钱，那么我们就不得不以1/3或者更低的价格卖掉我们的地产或者国家证券，但是如果我们以合理的方式等待时间发展，也就是再等上几年，那么我们就会保留我们的全部财产。然而人们却强迫时间给出预支。如果我们需要一笔钱去进行一次长途旅行，而我们在一两年以内就可以获得这种收入，但是我们不愿意等待，也就是说，我们去借钱，或者甚至去动用本金，那么时间就不得不给我们提供预支。时间的利息会扰乱我们的账单，这是一种持续增长的赤字，我们永远也不能摆脱它。这也就是时间的迫害。所有不愿等待的人都会成为它的受害者。想要加快时间均匀的步伐是代价最为高昂的行为。也就是说，我们应该小心不要向时间借债。

第五十节

平庸的头脑和机智的头脑有一个典型的突出区别，在日常生活中十分常见，也就是前者在思考和评估可能的风险的时候永远都只会询问和顾虑已经发生的事情，后者则会在心里考虑可能会发生的事情，他们思考的时候就像一句西班牙谚语所说的那样："在一年之内没有发生的事情可能会在几分钟内发生。"当然，他们谈论问题的时候就自然而然地表现出了区别。考虑将来的事情需要理智，看到当下发生的事情却只需要感官。

但我们的格言应当是：为恶魔奉上祭品！也就是说，我们应该不惜浪费一定的努力、时间、舒适、世故、金钱和需求，目的是关上某种可能发生不幸的大门。这种不幸越是严重，我们就越是要减少、远离、杜绝它发生的可能性。这条规则最清楚的现身说法的例子就是保险金。这是所有人公开奉上祭坛的送给恶魔的祭品。

第五十一节

我们不应该为任何意外表现出巨大的欢喜或者莫大的悲伤，这部分是因为所有事情每时每刻都在发生转变，部分是因为我们对于对我们有利或者不利的判断具有蒙蔽性。最后，每个人抱怨过的东西在最终都会被证实是他真正的最好的东西，而他为之发出过欢呼的可能是他重大苦痛的源泉。这里推荐已经由莎士比亚优美地表达出来的话。

　　　　我已尝遍了苦乐的折磨，

　　　　在一开始，无论哪个乍看起来

　　　　都不会像女人一样使我倾心。

——《终成眷属》

　　总而言之，如果一个人在遭遇了各种意外的灾难之后仍然能够保持镇静，是因为他知道生活中多么有可能出现巨大的和千百次的灾祸，因此，他仅仅把自己的不幸视为所有不幸里很小的一部分。这就是斯多葛主义的思想：我们绝对不能忘记"人类的状况"，而是应该始终记得，人类的存在总体上是一种多么悲哀又可怜的宿命，会遭遇多少数不胜数的灾祸的袭击。如果我们环顾四周，我们就会重新认识到这一点。无论我们身处何处，都会立刻看到眼前有这种悲惨、荒凉，无法获得收益的存在在搏斗、在挣扎、在受难。我们应该据此降低我们的要求，在所有不完美的事物和情况中学会找到自己的方向，始终预防着意外，这样可以躲避或者避免承受意外。因为大大小小的意外就是我们生活的本质元素。我们应该始终记住这一点。我们不应该像一个"沉郁者"①那样，像巴里斯福德②

---

① 原文为古希腊语，意为"拉长脸的人"。
② 巴里斯福德（1764—1840）：英国作家，代表作是《人类的苦难》。

一样，始终在为"人类的苦难"发出哀叹、愁眉苦脸，更不应该"蚊子叮一下，就呼唤上帝"，而是应该作为一个"小心谨慎的人"，小心翼翼地提前预防意外。无论是来自于人还是来自于事物的意外。在这方面，我们应该像聪明的狐狸一样做到尽善尽美，完好无损地从每一个或大或小的灾难（小的灾难大多数只不过是经过伪装的不幸）中脱身。

如果我们提前就把不幸视为可能会发生的事情，那么承受不幸就不那么困难了。正如人们所说的，如果我们在意外到来之前就镇静下来，把它仅仅当作一种可能性，进行平静的思考，我们就会清清楚楚地看到不幸的蔓延方式，可以看到所有的方面，那么它至少是有限的和可被预料的。结果就是意外真的到来的时候，它就不会产生什么严重影响了。但是相反，如果我们没有这样做，而是毫无准备地迎受打击，那么惊骇的精神就无法在最初的时刻对不幸的规模进行准确的估量。这样一来，这种不幸就是不可预测的，因此很容易显得深不可测，至少比实际情况要严重许多。当然，我们在预先考虑不幸的时候，也会考虑安慰的理由和补救的措施，至少也会想象我们已经习惯了不幸。

没有什么比以下措施更能使我们镇静地承受我们遭遇的不幸了，也就是坚信一种真理，我在我关于自由意志的获奖论文里从最基本的论据推断并且确定了这一结论，这就是："一切发生的事情，无论是最大还是最小的事情，都属于必然。"面对无可避免的必然事件，人们很快就能够接受，认识到这一点就也意味着把一切事情，即便是最奇怪的偶然及其后果都当作必然看待，就像那些遵循广为人知的规范和完美达成预期的事情一样。我已经证明了这一点（《作为意志和表象的世界》），也就是认识到事情的不可避免性和必然性能够使人平静。如果谁深信这一点，谁就会首先做他力所能及的事情，但是甘愿忍受他不得不忍受的事情。

每时每刻都在困扰我们的小小不幸可以被视为特定的练习，这样一来，我们就不会在幸福之中完全懈怠，失去承受巨大不幸的力量。面对日常的烦扰，人际交往中微不足道的摩擦，毫无意义的碰撞，他人的失礼、起哄大叫等行为，我们应该像佩龙角的西格弗里德[①]那样，也就是说，对它们根本就没有感觉，更不用说把它们放在心上、反复思量了。我们应该仅仅把它们视为阻碍我们前进的东西，就像路上的小石块，绝对不能在内心里进行反思和琢磨。

---

① 西格弗里德：德国民族史诗《尼伯龙根之歌》中的屠龙英雄。

第五十二节

人们普遍称之为命运的东西都是他们自己的愚蠢勾当。因此我们应该牢记荷马的优美诗句（《伊利亚特》），他推荐进行"明省"，也就是机智的深思熟虑。因为如果邪恶的勾当要在彼世得到报应，那么愚蠢的勾当就是此世的报应，尽管有时候会得到特赦的恩典。

最可怕和危险的不是愤怒的人，而是机智地洞察了一切的人。这个人的大脑就是一件可怕的武器，就像狮子的利爪。

最精于世故的人永远也不会犹豫不决，也永远不会匆匆忙忙。

第五十三节

除了机智，勇气对我们的幸福而言也是非常重要的特质。当然，我们无法赋予自己或者他人这两种特质，而是要么从母亲那里，要么从父亲那里继承。但是要增进这两种特质也需要决心和练习的辅助。在这个"铁质的骰子落下"①的世界上，我们需要一种铁一样的意志来对抗命运，在人群面前把自己武装起来。因为整个生命就是一场战役，每一步都会使我们陷入争端。伏尔泰说得有理："在这个世界上，我们只有举剑前行才能成功，我们一直到死都会手握武器。"因此，一个怯懦的灵魂看到浓云密布，或者仅仅看到

---

① 引自席勒《战争》开头的诗行。

在天边出现云朵，就会缩成一团，气馁地抱怨。而我们的格言应该
是这样的：

你不在邪恶面前让步，而是要走向它。

——维吉尔《埃涅阿斯纪》

只要一件有风险的事情的结局依然悬而未决，只要还有逆风翻
盘的机会，那么就不要犹豫，而是要奋力抗争。就像只要天空中还
有一小块蓝色，我们就不能对天气感到绝望一样。是的，我们可以
这样说：

就算这个世界倒塌，

他也面不改色。

——维吉尔《埃涅阿斯纪》

整个生命本身，更不用说它的各种好处，都不值得我们如此怯
懦地在心里维持颤抖和瑟缩：

因此他勇敢地生活，

英勇地面对命运的打击。

——贺拉斯《歌集》

但这里也可能出现极端的情况，因为勇气会导致鲁莽。一定程度的恐惧甚至对我们在这个世界上的生存是有必要的。怯懦只是超出了这个限度。培根非常一语中的地在他对"惊恐"的词源学论述的作品里向我们表达了这一点，比起普鲁塔克的论述（《伊西斯与奥西利斯》）要完善得多。他从潘神出发，从这个人格化的自然出发，并且说道："所有生物的天性都知道畏惧，这使他们能够保存本质，躲避有害的事物，并且生存下去。所有的生物都具有这样的模式。这种对自然的畏惧总是共通的，所有生物的惊恐（如果我们能够看透他们的内心）都是如此，人类尤甚。"此外，惊恐的典型特征是它并不能清晰地被意识到，而是更多地作为前提被认识到，甚至在必要的情况下，恐惧本身就是恐惧的对象。

第六章
人生的各个阶段

伏尔泰已经非常优美地表达过：

谁没有自己年纪的那种精神，

谁就会有那种年纪的所有不幸。

因此，在我们这份幸福学考察的结尾处，稍微关注一下人生的
阶段给我们带来的变迁也是很合理的。

我们的全部生命都只是生活在当下，此外无他。不同的仅仅是，
在一开始，我们前方有一段漫长的未来，在结束的时候，我们背后
有一段漫长的过去，尽管我们的性格始终不变，但我们的脾性也许
会经过几次显著的变化，每一次变化都使当下染上了别样的色彩。

在《作为意志和表象的世界》第 2 卷第 31 章，我已经论证过
了为什么我们在童年时期表现出来的举止更像是在认识而不是在提
出愿望。有一种幸福的基础就建立在我们生命中这段最初的四分之
一的时光之上。时过境迁后，我们留在身后的是一个失去的乐园。

我们在童年时期只有很少的关系和很低的需求，也就是很少有意志的活动，我们的大部分本质都在追求认识。大脑在 7 岁的时候就已经达到了最大的容量，同样，智力开发得很早，尽管还没有成熟，还在整个崭新的世界里不断地汲取营养。此时，一切事物都会怀着新奇的刺激注入我们的脑中。由此，我们的童年就像是一首持续不断的诗歌。因为诗歌的本质和所有艺术一样，就是把握柏拉图的理念，也就是说把握事物的本质，继而了解这个类别的所有事物的共性、所有个别的事物的特性，因为每个事物都是它这一类别的代表，一个事物就能代表几千个。尽管看起来，我们在童年时期的场景总是仅仅忙于某种特定的个别事物，而这只不过是因为它们吸引了我们一时的兴趣，但实际上并不是这样。也就是说，生活的全部意义还是如此新奇、如此鲜活地呈现在我们的眼前，生活的印象还没有因为重复而变得迟钝，我们在幼稚的游戏中始终保持着安静，没有明确的目的，忙于个别的场景或者是过程，把握了生活的本质，把握了生活形态和生活方式的基本类型。我们可以看到斯宾诺莎的表达：所有的人和事都要用"永恒的方式来看待"。我们越是年轻，就越是容易以个别类推到整体。这种能力一年一年地削减。这建立在青年时期留下的印象和老年时期感受到的印象之间的巨大差异之上。因此，童年时期和少年时期的经验和知识就构成了之后所有认识和经验的种类和框架，以后的事情都会被归入这些类别，尽管我们对此并不总是怀着清晰的意识。这样一来，我们在童年时期就已经给我们的世界观建造起了稳定的地基，无论是肤浅的还是深刻的。之后，我们还会对世界观进行详细的建筑和完善工作，但是本质上不会改变了。也就是说，这种纯粹客观、充满诗意的视角，这种童年时代的本质特征之所以能够得到支撑，是因为意志还没有发挥全部的精力，在我们的孩提时代，纯粹的认识活动远远多于意志活动。因此有些孩子的目光是严肃和充满观察力的，拉斐尔在画天使的时候，尤其是在画《西斯廷圣母》中的天使的时候，就非常巧妙地运用了这种眼神。因此童年的时光是那么的幸福，对它的回忆始终伴随着眷恋之情。但是，当我们以这样的严肃投身于某种初次见到的观念之中时，教育却在努力地把概念带到我们的身边。只是概念并不能够传授真正的本质。不如说，我们观察总结形成的真实内容才是本质的全部。但是我们只能通过自己学会这些，而不能通过任何方式被人传授。因此就像我们的道德价值一样，我们的智力价值并不来自于外部，而是来自于我们本质的深处。没有一位伟大的教育学家能够把一个天生的蠢货培养成一个有思想的人，即便是裴斯泰洛齐^①也不能，绝对不能！他作为蠢货出生，也必将作为蠢货死去。我们最早进行的详细而深刻的对外部世界的观察活动可以解释，为什么我们的童年环境与经验会给我们留下如此深刻的记忆。也就是说，我们全神贯注地献身于这些事物，没有什

---

① 裴斯泰洛齐（1746—1827）：瑞士教育家，在教育理论方面做出了许多杰出的贡献。

么可以让我们分心，我们把眼前的事物视为它唯一的存在方式，甚至是独此一份的存在。之后我们所认知的众多对象会夺走我们的勇气和耐心。如果我们在这里回想一下，我在《作为意志和表象的世界》的第 372 页已经阐明：所有事物的客观存在，即存在的单纯呈现，都是令人愉快的，与之相反，事物的主观存在于意志之中却带有极大的痛苦和烦闷，这样一来，人们很快就会得出一句简短的结论——所有的事物看起来都很美，但存在的时候却很可怕。根据上述内容，在童年时期，事物对我们而言更多地处在观看的一侧，而不是作为存在的一侧，也就是说其展现的是意志的表象而非意志本身。因为事物有着令人愉快的一面，主体的和可怕的一面我们却不曾认识到，所以，年轻的头脑会将所有现实和艺术呈现给他的形态都视为非常幸福的存在。他觉得，它们看起来是那么的美好，如果它们真的存在，那样的话就更美好了。这样一来，世界对他来说就像一座伊甸园，这就是阿卡狄亚，我们所有人都出生在这里。由此才在之后产生了对现实生活的渴望，对行动与受难的迫切，这些事情推着我们走进世界的洪波。在这个过程中，我们学到了事情的另一面，也就是存在，也就是意志，我们每走一步都会受到意志的阻挠。然后巨大的失望逐渐到来，在这之后就是"梦幻的年岁一去不返"。但是失望还会继续下去，而且越来越强烈。因此我们可以说，在童年时代，生活在我们眼里就像远处的戏剧布景，在老年时代，我们自己就已经站得非常近了。

最后，我们在童年的幸福感如此强烈还有一个原因。就像在初春一样，所有的树叶都具有相同的色彩，几乎都长得一模一样，我们在童年看起来也彼此相似，因此保持着良好的和谐。但是随着青春期的来临，差异开始出现，就像圆规的半径越大，画出的圆也越来越大。

我们前半生的剩余部分——青年时代，比起我们的后半生拥有许多的优势，也就是说，在我们的青年时期，困扰我们、甚至使我们感到不幸的是对幸福的追求，是一定要在生活中遇到幸福的前提条件。由此产生了不断落空的希望，然后又产生了不满。梦想中飘忽不定的幸福在我们的面前呈现出摇摆不定的图景，呈现出瞬息万变的形态，而我们徒劳地寻找它们的原型。因此，无论处境如何，我们在青年时期都不会对我们的处境表示非常满意。因为我们会把到处都有可能遇到的人生中的空虚与匮乏归咎于我们的状况，但我们只是现在才开始认识到这些空虚和匮乏，这和我们之前期待的对象是完全不同的。如果通过及时的教训，在青年时代就根除在世界上获得很多东西的妄念，那么人们就能够赢得许多事物。但是发生的都是相反的事情，因为在大部分情况下，我们在早年都是通过虚构的作品而不是现实来认识生活。那些描绘中的景象在我们青春的朝霞中如此醒目地出现在我们的眼前，渴望鞭笞着我们去实现它们，去抓住那道彩虹。年轻人期待他一生的轨迹就像一本有趣的小说。失望由此而产生，我在《作为意志和表象的世界》第 2 卷第

374 页已经进行过描述了。因为所有那些图像都具有如此的诱惑力，恰恰因为它们只不过是一些图像，并不是真实存在的，因此，我们在看到它们的时候保持着平静，处于纯粹认知的满足状态。但是实现它们意味着要调动意志，而意志不可避免地会引发痛苦。有兴趣的读者可参阅我的上述著作的第 427 页。

因此，如果说人的前半生是对幸福无法满足的渴望，那么人的后半生就是对不幸的忧虑。因为在后半生，我们或多或少地能够认识到，所有的幸福都是海市蜃楼，与之相反，苦难则是真实的。因此在这个时候，至少是比较理性的人们会单纯追求一种没有痛苦、不受攻击的状态，而不是追求享乐①。在我的青年时代，当有人敲响我的房门，我会心满意足，因为我会觉得我渴望的东西终于来了。但是在晚年，当有人敲我的房门的时候，我的感受更类似于惊恐，我会想："我担心的事情终于来了。"世间有一些出众的和天赋超群的个体，他们并不完全属于这个世界，因此可以或多或少地根据自己优势的等级遗世独立，对生活只会具有两种截然相反的感受。他们在青年时期经常感觉被世界抛弃，在晚年却相反，感觉是自己从世界中逃离了出来。第一种感受令人不适，它建立在不谙世故的基础之上；第二种感受却令人舒适，它建立在知晓世故的基础之上。结果就是他们的后半生就像音乐的后半章一样，比起前半章少了一

---

① 老年人更懂得如何保护自己避免不幸，青年人却更懂得如何忍受不幸。——本书原注

些追求，但是多了一些安宁。这主要是因为人们在青年时代觉得世界上充满了幸福和享乐的奇迹，只是很难得到它们，但是人们在老年时期就会知道，他们什么也得不到，因此他们就会完全平静下来，享受可以忍受的当下，甚至可以从琐屑之物中找到乐趣。

一个成熟的人能够通过自己的生活经验获得的，首先就是视野的无拘无束，这也就是他和青年人与少年人看待这个世界的不同之处。他会开始用非常简单的方法来看待事物，接受事物本身的样子。而青少年会用自己创造的古怪念头、压倒一切的偏见和稀奇古怪的幻想制造出一幅具有欺骗性的假象，掩盖或者是扭曲真实的世界。经验首先能够带来的优势就是让我们摆脱青年时代那些头脑里的幽灵和虚假不实的概念。但是要防止人们在青年时期产生这些概念却非常困难，如果能够做到这一点，那么这将是最好的教育，即便这是一种消极的教育。为了达到这个目的，我们必须尽可能地限制孩子的视野，在这个视野的范围内给他清晰和正确的概念，在他们正确地认识了这个范围内的所有对象以后，再逐渐扩展范围。同时，始终都要留意，不要留下任何模糊的、一知半解的和偏颇的理解。由此产生的结果是，他们对事物和人际关系的概念始终都很狭隘，始终都非常简单，但是却清晰而正确，这样他们始终都只需要拓展视野，不需要纠正错误，一直到青年时代都是如此。这种方法尤其要求人们不要阅读小说，而是要阅读适宜的传记，例如富兰克林的传记，莫里茨的《安东·赖斯》①，诸如此类。

在我们年轻的时候，我们觉得我们生活中重要的、影响重大的事件和人物会大张旗鼓地登场。到了老年我们却能够通过回顾发现，他们都是非常安静地从后门偷偷走了进来，几乎没有引起我们的注意。

根据我们目前的考察视角，我们还可以进一步地将生活比作一匹刺绣绸缎，每个人在前半生看到的都是它的正面，在后半生看到的则是它的背面。后者并没有那么美丽，但是能够教给人们更多的东西，因为它能够使人看清总体的线络。

精神层面的优越性，即便是最伟大的优越性，也只有在四十岁之后才会在言谈中显露出压倒性的优势。因为年龄的成熟和经验的果实尽管可以千百倍地胜过精神层面的优越性，但是却绝对不能取代这种优越性。但是年龄和经验却能够赋予最为平庸的人们一定的优势，来对付具有伟大的精神力量的人，只要后者依然年轻。我在这里谈论的仅仅是个人，不是作品。

每一个杰出的人，也就是说不属于天性就非常可悲的 5/6 的人们的人，在 40 岁以后都很难摆脱掉某种特定的厌世的情绪。因为他很自然地从自己出发去推断其他人，然后逐渐感到失望，看透了他们无论是头脑还是心灵（大部分情况下甚至是两者）都落后于他，没有办法与他们相处而不亏欠什么。因此他很愿意避免被他们

---

① 这本书的体裁是小说，但其实是作者的自传。

邀请，因为一般来讲，每个人对独处的喜爱和憎恨取决于他自己内心的价值，毕竟，独处就是在和自己往来。康德在《判断力批判》的第1部第29章最后的概论也对这种厌世情绪进行了讨论。

无论是从智力水平还是从道德水平来看，如果一个年轻人很早就洞悉了与人往来的正确方式，甚至在准备进入社交圈的时候表现得如鱼得水，那么这就是一个不好的迹象，它宣布了这个人的平庸。与之相反，在同样的人际关系中，格格不入、笨口拙舌、颠三倒四的举止反而指向高贵的天性。

我们在青年时代所拥有的欢愉与生活的勇气部分建立在我们正走着上坡路，看不到死神，因为死神在另一侧的山脚下。如果我们翻越了山峰，我们才真正地迎面撞上了死神。在这之前，我们只能从别人口中听到死神。在翻越了山峰之后，我们的生命力开始衰退，我们生活的勇气也逐渐丧失，然后，一种阴郁的肃穆就挤走了我们青年时期的傲慢，在我们的脸上打下了烙印。只要我们还年轻，不管人们对我们说什么，我们都认为我们的生活是无穷无尽的，从而挥霍时间。我们的年纪越大，我们就越懂得如何经济地使用我们的时间。因为暮年的每一天都会令我们有一种类似于离绞刑架又近了一步的死囚的感觉。

从青年人的视角来看，生活是漫长且没有尽头的未来；从老年人的视角来看，生活是一段非常短促的过往。在一开始，事物呈现在我们眼前的样子就像我们把观看歌剧用的望远镜倒过来贴在眼前，在最后，我们则以远望的方式观看。只有当一个人变老以后，也就是说，在活了足够的年岁之后，他才能够认识到生命的短暂。一个人越老，人间的事务出现的就越不频繁。年轻的时候稳定而坚固地站立在我们面前的生活，这时在我们看来就像一条充满了朝生暮死的显像的激流，整体的虚无由此涌现。时间本身在我们的青年时代流逝得也要缓慢很多，因此我们的前四分之一的生命不仅仅是最幸福的，也是最漫长的，可以留下许许多多的回忆，在回想往事的时候，人们讲起这段时期的频率远远胜过讲起中年和老年时期的频率。就像在一年中的春天，白日甚至会变得难以忍受得漫长，在生命的春天也是一样。但是在这两者的秋天，白日却非常短暂，不过更明朗、更稳定。

为什么当人们在老年的时候回顾一生，会发现生命如此短暂呢？因为我们觉得生命就像回忆一样短暂。也就是说，所有无关紧要的和所有不愉快的事情都被忽略掉了，所以剩下的回忆很少。我们的智力本来就不是完美的，我们的记忆也是如此。学会的东西必须练习，过去的事情必须回想，如果不这样做，这两者都会逐渐沉入遗忘的深渊。但是我们不会关注不重要的事情，大部分情况下也不会回想不愉快的事情，但如果我们想要把它们保存在记忆里，那么回想就是有必要的。然而无关紧要的事情总是越来越多。因为经常发生和无穷无尽的重复会将许多在一开始在我们看来有意义的事情渐渐变得失去意义，因此比起我们的晚年，我们对我们早年的记忆更为丰富。我们活得越久，在我们看来重要的和有意义的事件就越少，但如果我们在事后回想这些事件，它们仅仅因此就能够在我们的记忆里定型。事情已过去，我们也就把它们忘了。时间的流逝始终不留痕迹。进一步说，我们不愿意回想不愉快的事情，至少是那些伤害了我们虚荣心的事情。但是令人不快的事情大部分都使自己的虚荣心受损，因为对于我们蒙受的折磨，我们大多难辞其咎。因此我们会忘记许多不愉快的事情。这两种情况使我们的回忆变得如此短暂。这两种情况的素材越多，回忆相对就越少。就像人们坐船离开海岸，岸上的东西越来越小，越来越模糊，越来越难以辨别，我们过去的岁月、过去的经历和行为也是如此。在这里，我还要补充一句，记忆和幻想偶尔会把我们生命中早被遗忘的场景栩栩如生地呈现在我们的眼前，好像这就是昨天才发生的事情，它们和我们非常贴近。这是因为我们没有办法清清楚楚地回想起此刻与事件发生的时候的漫长间隔，无法像看清一幅画一样看清楚这段时间。此外，这件事情的过程也被我们遗忘了大半，只保留了大致的"抽象"认识，仅仅是概念，没有直观的感受。所以，某件往事与我们如此切近，好像昨天才发生一样，但是中间的那段时间却消失了，因此整个生命显得难以理解的短暂。甚至有时候，在老年时期，我们身后的漫长过往和我们自己的年岁在某个瞬间看起来几乎如梦如幻，这主要是因为我们首先看到当下出现在眼前的东西。这种内心的活动主要基于这样一个事实：不是我们的存在本身，而是只有显像寓于时间，当下就是客体与主体的接触点。为什么人们在青年时代看待生活的时候会觉得它具有难以预见的长度？因为人们需要地方安放他无边无际的希望，但是要实现这些希望，就连玛士撒拉都可以说死得太早了。另外，由于人们会将自己迄今为止度过的短暂年岁作为时间的尺度，而这些日子总是充满了回忆，因此会显得漫长。新奇的感觉使一切事物都显得充满了意义，所以这段时间在之后还会被不断回味，也就是说，它经常在记忆里重复，因此在记忆里打下烙印。

我们有时候相信，我们在回望一个遥远的地方，而实际上只是在回望我们在那里度过的年轻和鲜活的岁月。时间戴着空间的面具欺骗了我们。如果我们去那里游览，我们就会感到内心的幻灭。要到达高龄需要完美无缺的体格，但是我们还有"替代条件"，这里有两种方式，我们可以用两盏燃烧的油灯进行说明。一盏灯的灯油不够多，却能够燃烧很久，是因为它的灯芯很细；另一盏灯的灯芯很粗，却有足够的油。灯油就是生命力，灯芯就是任何形式或者方式的挥霍。

在生命力方面，直到三十六岁，我们都像依赖利息生活的人，今天花掉的钱，明天还能够回来。但是过了这个时间点，我们就开始动用本金了。在一开始，我们几乎察觉不到这一现象。大部分支出还会回来，轻微的赤字不会引起注意。但是赤字会逐渐增长，变得明显，增长的趋势一天比一天迅猛、一天强似一天，今天比昨天还要糟糕，没有停止下来的希望。就像下坠的物体速度不断加快一样，本金加速下跌，直到最后无所剩余。如果这里使用的比喻（生命力和财产）真的都在一起消耗，那么这真是一种非常悲惨的情况。因此，对财产的热爱正是在老年会迎来增长。与之相反，如果从一开始直到成年，在生命力这方面，我们都把利息存入本金，不但花费的金额还会回来，本金本身也会增长。如果我们偶尔接受成熟的建议，小心翼翼地管理本金，那么我们的金钱也会增长。幸福的青年时期啊！悲惨的老年时期啊！正因如此，人们应该保护自己的青春活力。亚里士多德评论道（《政治学》第5章），只有两三个人能够在少年时期就获得奥林匹克竞赛的冠军，然后在成年时期再度夺冠，因为早年的训练要求反复的练习，这过度地消耗了生命力，等他们成年以后就会后继乏力。肌肉力量是这样，神经力量更是如此，而神经力量的外在表现就是所有智力的成果。因此，"早熟的天才"，也就是神童，都是温室教育的果实，在少年时期能够一鸣惊人，之后就会变得头脑平庸。甚至有许多人过早地因为学习古代语言而付出了强制性的脑力劳动，在之后，许多受到了剥削的头脑都变得麻木，失去了判断力。

我已经评论过，一个人的性格几乎总是会与他的某个人生阶段特别契合，那么他就应该在这个阶段施展自己的优势。有些人在青年时期非常可爱，然后这个特点就消失了。有些人在中年时代因为强大和实干拥有了一切价值，也有些人的优势阶段在老年时期，他们变得非常温和，因为他们更有经验、更冷静了。这种情况经常在法国发生。这种现象肯定是因为性格本身就具有青年期、成人期和老年期的某种特色，所以才会和某个年龄段协调一致，或者是互相促进。

就像船上的人只能根据岸上景物的后退和缩小来观测船只的前进，我们也只能通过同龄人显得年轻来得知我们的老态和正在变老的事实。

我们已经在上文讨论过，为什么一个人活得越老，他所看、所做和所经历的在他的头脑里留下的痕迹就越少。在这个意义上我们可以断定，人们只有在青年时期才是充满意识地生活着，到了老年却只是半心半意地生活着。一个人年纪越大，他就带着越少的意识生活。事物匆匆流逝，留不下任何印象，就像我们看过上千遍的一件艺术品就不会再给我们留下什么印象了。我们做我们应该做的事情，之后却不知道自己做了什么。这样一来，生活就完全失去了意识，人们越是匆匆地赶往彻底的无意识，时间的流速就越是加快。在童年，新奇感把一切对象和遭遇都带入我们的意识。因此每一天都具有难以预见的长度。在我们旅行的时候，事情也是这样，一个月显得比在家中的四个月还要长。然而这种事物的新奇感在以上两种情况下却无法阻止被拉长的时间显得真的有些"冗长"，尤其是比起老年时期，或者是在家的时候。但是，长期习惯于同样的感知会使我们的智力逐渐变得疲软，最后一切都无意义地流逝，时间也变得短暂。少年时期的一个小时也比老年时期的一天要更为漫长。

因此我们生命的时间就是一场加速运动，像一个滚落的球体，像一个转动的圆盘上的点，距离圆心越远的点转得越快，我们距离生命开始的距离越远，时间也会流逝得越来越快。我们可以由此得出结论，在评估我们对一年长短的感觉的时候，这种感觉与这一年除以我们年龄的所得成反比。比如说，如果一年是我们1/5的年龄，那么这一年就比一年是我们1/50的年龄的时候漫长十倍。这种时间流速的差异对我们人生不同阶段的存在方式造成了至关重要的影响。首先，它使我们总计不过十五年的童年时光成了我们人生中最为漫长的一段时光，由此也产生了最为丰富的回忆，然后使我们对无聊的感受能力与我们的年龄成反比。孩子需要不断地打发时光，无论是游戏还是工作，只要有一刻停息，骇人的无聊就会攫住他。在青年时期人们也非常容易屈从于无聊，会为无所事事的几个小时感到满心忧虑。成年以后，无聊的感觉不断地减少。在老年时期，时间总是非常短暂，白日总是飞逝如箭矢。可以理解的是，我谈论的是人，不是逐渐老去的牲口。在时间加速流逝的时候，也就是在我们的晚年，大部分无聊都会消散。另一方面，我们的激情和由此而生的痛苦也会消泯。因此，只要保持健康，从总体上看，生命的负担真的比在青年时代要轻许多。因此人们把在衰弱和高龄的问题出现之前的这一段日子称为"最好的年月"。从我们生活舒适的角度来考虑，这句话是千真万确的。与之相反，在青年时期，所有的事物都会留下印象，所有的事物都生机勃勃地进入意识，这也有某种优势，这是精神孕育果实的时光，是繁花盛放的春天。也就是说，深刻的真理只可直观，不可理解，也即他们的最初认知是直接的认知，由瞬间的印象产生。这种印象只有强烈、鲜活且深刻，才能够带来成果。因此，从这个角度考虑，我们的精神成果全部取决于我们如何利用我们的青年岁月。在暮年，我们能够更多地对其他人，甚至是对这个世界发挥影响。因为我们本身已经变得完满和封闭，不再能够被印象所改变。但是这个世界对我们的影响也相对变弱了。因此这段时间是实践和成就的时间，但青年时期却是开始把握和认识的时间。

在青年时期，我们的直观占据了统治地位，在老年时期，思想却取而代之。因此前者是留给诗歌的时间，后者是留给哲学的时间。也就是在实际事务中，青年人任由直观之物及其印象引导，在老年，人们却仅仅通过自己的思考做出决定。这个事实的部分原因在于，直到老年，人们才见到了足够的直观案例，由此提炼出了概念，然后赋予它们全部的意义、内涵和价值，与此同时，直观的印象由于习惯的作用而减弱。青年则相反，尤其是那些头脑活跃、热爱幻想的人们，直观的事物和事物外在的一面会给他们留下压倒一切的印象，让他们把世界视为一幅画，因此他们主要关心的是他们将以什么形象出现，又如何在上面凸显出来，而不是关心他们内心的事情。这在青年人的个人虚荣心和华丽衣饰上已经可以显现出来了。

我们的精力最旺盛、精神力量最集中的时期毫无疑问就是青年时期，最晚到三十五岁。从这往后，精神的力量就开始衰退，尽管可能非常缓慢。但是在之后，甚至是在晚年，也不是没有精神层面的补偿。经验和学识在这个时候才真正变得丰富。人们有了时间和机会从各个方面观察事物，进行思考，并且发现它们之间的关联、连接点和连接面，这样才能最终正确地理解整体的脉络。一切都能够解释清楚了。因此，人们会对自己在青年时期已经知道的事情有一个更为本质的了解，对每一个概念都有了实证。人们在青年时期自以为知道的东西，只有在老年才能真正了解。此外，我们也的确在各个方面都进行了仔细思考，因此有了更多真正互相关联的整体认识。但是在青年时期，我们的知识总是具有裂隙，呈片断化。只有进入老年以后，才能够对生活形成一个完整和相称的认识，因为他看到了自己的整体和自己的自然进程。他尤其不会向其他人那样，以刚刚进入世界的视角来看待世界，而是以出世的视角来俯瞰世界，这样他就会尤其完美地认识到世界的虚无，而其他人总是会被妄念束缚，认为正义总会到来。与之相反，在青年时期人们有更多的设想，因此人们会把为数不多的所知的事情放大。但在老年时期，人们拥有更多的判断、洞悉和根本认识。一个拥有杰出精神的人在青年时代就意识到了一种使命，为自己的认识、为自己原创的基本观点积累素材，但他的杰作必须等到日后才能够完成。据此来看，我们在大部分情况下都会发现，伟大的作家在五十岁左右才会完成他的杰作。但是青年时代依然是认知之树的根基，尽管树冠才会结出果实。就像每一个时代，即便是最可怜的时代，都觉得自己比之前的时代要智慧得多，人生的每个阶段也是如此，但是这两种看法经常都是错误的。在身体生长的岁月里，我们的精神力量和认知也在日益增长，我们也就习惯于看重今天，轻视昨天。这种习惯在我们的心中扎下根来，然后在我们的精神力量开始衰弱、我们其实应该尊崇昨天的时候，我们还保留着这一习惯。因此我们经常低估我们早年的成果与判断力。

在这里需要指出的是，尽管一个人的智力和头脑就像一个人的性格和心灵一样，是他出生时候的基础条件，但是绝对不像性格和心灵一样保持不变，而是可能会经历许多变化，甚至总体上还是富有规律的变化，因为这部分基于它是一种生理状况，部分基于它是一种经验的素材。因此它要逐渐生长，继而到达巅峰，然后逐渐衰退，直到老年痴呆。在这个过程中，从另一方面看，我们的力量所处理的素材、我们的实践所包含的素材，也就是思想、知识、经验、认知、练习与由此而生的完美的洞察力的内容都在不断增长，直到至关重要的衰退到来，一切才开始衰落。人类的构成元素有两种：一种绝对不变的元素，还有一种规律的、向两个相反方向改变的元素。这解释了不同的人生阶段不同的表现与价值。

我们也可以在广义上说，我们人生的前四十年提供了正文，接下来的三十年提供了注解，帮助我们理解正文的真实含义与其中关联，真正揭示出它的道德含义与所有微妙之处。

在生命的结尾，就像是在一场假面舞会的终结时分，人们都摘掉了面具。这时人们都看清楚了，在这一生中，自己所接触的实际上都是什么样的人。因为性格已经暴露在了光天化日之下，行动也结出了果实，成就已经得到了公正的尊敬，所有的幻想都纷纷崩塌。要达到这个目的，我们唯独需要时间。最奇怪的事情是，只有在实际上接近了生命的结尾的时候，我们甚至才真正认清和理解了自己，认清和理解了自己的目的和方向，认清和理解了自己和世界的关系、自己和他人的关系。我们经常占据的位置比我们预想的要低，但并不总是这样，有时候我们给自己预想了一个更高的位置，是因为我们对这个卑鄙的世界没有充分的认识，因此我们设定了更高的目标。我们也会在这个时候得知自己所拥有的东西。

我们习惯把青年时期称为生命中最幸福的时期，把老年时期视为悲哀的时期。这有可能是真的，如果激情能够带来幸福。在青年时期人们受到激情的撕扯，感受到的快乐很少，痛苦却很多。冷淡的老年时期会给他们以平静，他们也会立刻染上沉思的色调。因为认知变得自由，占据了上风。由于认知本身没有痛苦，因此它在意识中越是占据统治地位，我们也就越是幸福。我们只需要权衡一件事情，也就是所有的享乐本质上都是消极的，所有的痛苦本质上都是积极的，我们就可以理解激情并不能够使我们幸福，所以在老年时期，我们不能抱怨缺少了许多享乐。因为所有的享乐都只不过是平息了某种需求。因为需求消失导致享乐消失并不值得抱怨，这就像吃过一餐以后不能再吃，睡了一夜以后非常清醒一样。柏拉图（在《理想国》的序言里）正确地评价了老年人的幸福，前提是老年能够使我们终于摆脱那种持续躁动的情欲。我们甚至可以断言，情欲造成了许多无穷无尽的古怪念头，由此而生的情感导致了持续而猛烈的妄念，只要我们还受到这种冲动的影响或被这只恶魔控制，我们就始终处于某种中魔的状态，只有摆脱了情欲才会变得完全理智。确实，除了一些个别的环境和案例，普遍来讲，青年人会感到某种特定的忧郁和悲伤，而老年人却显得非常欢快，原因不是别的，正是青年人承受着那只恶魔的统治，甚至是奴役，连一个小时的自由都得不到，与此同时，所有直接或者是间接的灾难几乎都是来自于那只恶魔，我们不是遇到它，就是受到它的威胁。老年人觉得欢快，是因为他们终于摆脱了长久背负的枷锁，现在可以自由行动了。但是从另一方面，我们也可以说，在摆脱了性欲之后，生命真正的内核也已经被消耗了，剩下的只是一具空壳，甚至就像一幕喜剧，一开始是人们在演戏，结尾由穿着这些人们的服装的机器表演。

无论如何，青年时期是躁动不安的阶段，老年时期则是安宁的阶段。由此就可以得出两个阶段的幸福程度。孩子贪婪地向远处、向所有人伸出自己的双手，因为他眼前的一切都色彩斑斓、形态各异，因为他受到了吸引，因为他的感官还是那么的鲜活和年轻。同样的事情以更大的能量发生在青年时期。青年人也被这个色彩斑斓、多姿多彩的世界吸引，他的想象力立刻就会夸大这个世界所能够赐予他的东西。因此他对未知充满了贪婪和渴望，这二者夺走了他的安宁，没有安宁也就没有幸福。与之相反，在老年时期，一切都平静下来，部分因为热血已经变冷，感官的可刺激性已经变弱，部分是因为经验使他们看清了事物的价值和娱乐的内涵，这样一来，他们就逐渐摆脱了之前遮蔽着他们的幻想、妄念与偏见，能够以自由和纯净的观点来看待事物，这时，人们就可以用更正确、更清晰的视角进行认知，或多或少地认识到世俗之物的虚无本质。正是这一点使得几乎所有的老人，甚至是那些能力非常平庸的老人都染上了一抹智慧的色彩，显得比年轻人更为出色。但这主要是精神的安宁带来的成果。这是构成幸福的一个重要组成部分，实际上甚至是幸福的前提和本质。当青年人认为只要掌握了方法，自己就可以赢得这个世界上的奇迹的时候，老年人却已经洞悉了《传道书》里的"一切皆是虚荣"，所有的坚果都是空的，无论它们的外表镀上了多少金子。

直到晚年，人们才会真正理解贺拉斯所说的"敬拜虚无"，也就是说，在面对世界上所有事物的虚荣与所有美丽之物的空洞的时候要保持直接、坦率和坚定的信念，海市蜃楼终会消散。他们不再妄想除了摆脱身体上或者精神上的痛苦，在世界上的某处还有某种特别的幸福，无论是在王宫中还是在陋室里。而根据世人标准判定的伟大与渺小、高贵与卑贱对他们来说也已经没有什么区别了。这使老年人获得了一种心绪上的特别的平静，他们会微笑着俯瞰这个世界的风雨飘摇。他们已经不抱任何幻想，知道尽管人们不择手段地进行粉饰和装扮，人类的生活还是会透过这些新年集市的亮片显露出自己的贫瘠；无论染上什么颜色，加上什么装饰，人生的本质就是这样的一种存在，它真实的价值取决于它避免了多少痛苦，而不是拥有多少的享乐，更不是它享尽了多少的荣华富贵（贺拉斯《书信集》）。高龄的基本特征就是幻灭。幻象已经消失，在这之前，它一直都在赋予生活某种魅力，刺激人们进行活动。人们认识到了世界所有美丽之物背后的虚无和空洞，尤其是奢华、荣耀和高贵的外表。人们了解到，大多数他们渴望得到的事物和企盼拥有的享乐背后其实没有什么东西。人们逐渐意识到了我们整个存在的巨大的贫瘠与空虚。只有到了七十岁，人们才能完全理解《传道书》的第一节诗[1]。但也正是因此，老年人染上了某种烦闷的色彩。

---

[1] 原文为"传道者说：虚空的虚空，虚空的虚空，凡事都是虚空。人一切的劳碌，就是他在日光之下的劳碌，有什么益处呢？一代过去，一代又来，地却永远长存。日头出来，日头落下，急归所出之地。风往南刮，又向北转，不住地旋转，而且返回转行原道。江河都往海里流，海却不满；江河从何处流，仍归还何处。万事令人厌烦，人不能说尽。眼看，看不饱，耳听，听不足。已有的事，后必再有；已行的事，后必再行。日光之下，并无新事。岂有一件事人能指着说：'这是新的？'哪知，在我们以前的世代早已有了。已过的世代，无人纪念，将来的世代，后来的人也不纪念。"

人们习惯认为，老年人的宿命就是疾病与无聊。但疾病并不一定伴随着老年到来，尤其是那些活到高龄的人们，因为"生命增长，健康和疾病也增长。"至于无聊，我在上文已经证明了，为什么老年人感到的无聊甚至比青年人还要少。老年也不一定使我们与孤独为伴，虽然显而易见，老年还是会将我们带向孤独，但是只有那些除了感官享乐与社交享乐以外不知道任何享乐的人们才会陷入这种孤独，他们的精神不够丰富，他们的力量没有得到充分发掘。尽管活到高龄以后，就连精神力量也会衰减，但如果谁拥有丰富的精神力量，那么他就总是能够有足够的东西用以对抗无聊。这样一来，正如上文所述，通过经验、认知、练习和反思，正确的洞察力逐渐增长，判断力变得敏锐，事情的关联变得清晰。人们在所有的事情中都越来越能够看到整体的全貌概览。这样一来，通过将积累的认知重新整合，抓住时机丰富我们的精神世界，这种内在的自我修养在所有方面继续开展，使我们的精神忙碌、满足并且得到犒赏。这一切都是上文提到老人精神力量衰退的某种程度上的补偿。此外，正如上文所述，时间在老年时期流逝得更快，这也能够对抗无聊。如果不需要赚钱，那么体力衰退的影响就很少。在老年陷入贫困是一种很大的不幸。如果我们能免于这种不幸，保持健康，那么老年也可以成为生命中完全可以忍受的一部分。舒适和安全是老年人的首要需求，因此人们在老年比以前更加看重金钱，因为金钱是失去的力量的替代品。被爱神抛弃以后，人们会很开心地去拜访酒神。教导他人和发表言论的需求会替代观看、旅游和学习的需求。如果老年人还保持着对研究的热爱，或者是对音乐、对戏剧的热情，总之是对某种外在事物的敏锐度，那么这就是一种幸福，有一些人直到年纪非常大都能够坚持这一点。一个人"自身拥有的东西"在老年能够带来胜过在任何时期所能够带来的好处。当然，大多数人始终都很笨，到了老年时期就越来越像机器人。他们脑子里想的、嘴里说的和实际做的永远都是同样的事情，任何外在事物的印象都不能够改变他们，从他们身上引发不出任何新鲜的东西。和这样的老人交谈就像是在沙地上写字，印象几乎立刻就会消散。这样的老人当然就是生活中的"活死人"。他们在抵达高龄以后就会度过第二个童年期，自然界有一种证明，也就是在极其罕见的案例之下，他们会长出第三副牙齿，这就是他们内心状态的象征。

随着年龄的增长，所有的力量都会消失，越来越快，这无论如何都很悲惨，但又是必然发生的，甚至是有好处的，因为如果不是这样，人们就很难为死亡做好准备。因此，一个人最大的获利就是活到高龄，无疾而终，死亡并不伴随着痛苦的抽搐，甚至根本感觉不到。可以在我的代表作《作为意志和表象的世界》的第2卷第41章找到我对这种情形的描述。

在《吠陀奥义》（第2卷）中，人类的自然寿命期限被定为一百岁。我觉得这是有道理的，因为我发现只有超过了九十岁的人才能够无疾而终，没有染上疾病，没有中风，没有抽搐，没有死前的喘息，甚至面色都不会变得苍白，大部分人是坐着死去的，在用餐后，或者根本就没有死去，只是停止了生活。在这之前，人们只是提前死于疾病。[①]

人类生活的幸福与否并不依据我们的生活是长还是短[②]，因为本质上，我们都在低估其他人的时间尺度。

青年时期与老年时期的根本区别始终都是：前者以生活为视角，后者以死亡为视角，也就是说，前者拥有短暂的过去和漫长的未来，后者则恰恰相反。无论如何，老年人都会看到面前的死神，但是年轻人的眼前却是生活。如果我们自问，从总体上看，哪一种人更引人忧虑，生命到底是在身后还是在面前比较好，那么《传道书》已经说过："死亡之日胜过诞生之日。"渴求太长的生命无论如

[①] 《旧约·诗篇》（第90首，第10行）把人类的生命期限定为七十岁，也可以高达八十岁，希罗多德（《历史》第1部）也说了同样的话。但这是错误的，仅仅是对日常经验做出的粗糙和肤浅的总结。因为如果人类的自然寿命范围是七十岁至八十岁，那么七十岁至八十岁的人就会因为年老而死。但情况不是这样：他们就像年轻人一样，是因为疾病而死去，疾病的本质就是一种反常情况，也就是说，这不是自然的终结。只有九十岁至一百岁的人们才会因为年老而死，没有疾病，没有垂死的挣扎，没有垂死的喘息，没有抽搐，甚至脸色也不会发白，可以被称为寿终正寝。因此，《吠陀奥义》把人类自然的寿命期限定为一百岁是很正确的。——作者原注

[②] 因为即便人们能够活上很久，人们也已经不知晓自己内心那不可分割的当下了。回忆则每天都会因为遗忘而损失，比它因为年岁增长而增多的速度要快得多。——作者原注

何都是一个莽撞的愿望。因为西班牙谚语说："谁的命长，谁就要经历许多厄运。"

尽管事实并不像占星学家说的那样，一个人一生的轨迹就显示在一颗行星上，但是一个人一生的轨迹如果与一颗行星的各个时期联系起来，那么他的生活也大致符合所有行星的规律。十几岁的时候，水星①掌管人类。受到这颗行星指引的人们动作迅速而轻盈，在狭窄的圈子里绕来绕去，被细枝末节的事情吸引，但是学到了很多东西，学习的速度也很快。人们受到这位神灵的影响，变得机智和能言善辩。在二十几岁的时候轮到了金星②统治，爱情与女人完全支配了他。在三十几岁，火星③统治着他，这个人现在强壮、有力、勇敢、好战而又固执。到了四十几岁，四小行星掌握了统治权。他的生命由此变得广阔，他变得"节俭"，也就是说，开始崇尚实用，这是谷物神星的功劳。他有了自己的房屋，这要归功于灶神星。他学会了如何运用自己的知识，这是智慧女神星的作用。他的妻子则作为天后星④掌管着家庭⑤。在五十几岁

---

① 德语为"默丘利"，是罗马神话中掌管信使的神灵。
② 德语为"维纳斯"，是罗马神话中掌管爱情的神灵。
③ 德语为"马尔斯"，是罗马神话中掌管战争的神灵。
④ 德语为"朱诺"，为罗马神话中主神朱庇特的配偶。
⑤ 后来发现的大约六十多个小行星我没有兴趣了解。因此我对待它们就像那些哲学教授对待我一样。我忽视它们，因为它们不符合我的主题。——作者原注

的时候统治的是木星^①。此时这个人已经经历了大部分事情，于是他觉得自己比同时代的人们更加优越。他还在充分享受自己的力量，也富有经验和认知，他拥有着（根据他自己的个性和状况而定）针对自己周围所有人的权威。因此他现在不再接受别人的命令，而是亲自发号施令。在自己的领域里，作为指导者和统治者显得非常理所当然。五十几岁的人就像朱庇特到达了天顶。但在这之后，在六十几岁的时候，土星^②就带着它沉重、迟缓、铅一样的坚韧到来：

> 但是老人们，他们许多人就像已经死去，
>
> 僵硬，迟缓，沉重，苍白如铅。
>
> ——《罗密欧与朱丽叶》

最后到来的是天王星，人们就像它的名字一样，去往天国。我在这里没有考虑海王星（人们不假思索地给它取了这个名字），因为我无法称呼它真正的名字——爱欲之神厄洛斯。因为它会把生命的终结与开端以一种神秘的方式联系在一起，也就像埃及人所说的奥克斯或者阿门特斯（参见普鲁塔克《伊西斯与奥西利斯》），不仅仅是接受者，也是给予者，而死亡就是生命的巨大"源头"。因此，

---

① 德语为"朱庇特"，为罗马神话中的主神。

② 德语为"萨图恩"，为罗马神话中掌管农业的神灵。

也就是说，一切都源自奥克斯，一切在此刻拥有生命的东西都曾经从它身边路过。如果我们能够理解这个事实上的变化，我们也就能够看清所发生的一切。